QUENTIN **FRANQUE**
BENOIT **ZANTE**

Les défis de la **transformation digitale**

27 DÉCIDEURS DE L'INDUSTRIE TÉMOIGNENT DE LEUR EXPÉRIENCE

DUNOD

Couverture : © misteratomic
Visuel : © Crystal Gordon / The Noun Project

Mise en page : Belle Page

11 rue Paul Bert, 92240 Malakoff
www.dunod.com
ISBN 978-2-10-080111-4

Sommaire

Partie 5
Saisir les opportunités de la data

Partie 6
Insuffler une nouvelle culture de l'innovation

Partie 7
S'ouvrir à un écosystème plus large

Partie 8
Concilier court terme et vision stratégique

Partie 9
Accompagner le changement

Partie 10
S'inspirer des entreprises digital natives

Remerciements

Les auteurs tiennent à remercier l'ensemble des interlocuteurs qui ont contribué à cet ouvrage par leurs témoignages, ainsi que Clara Gaymard, pour sa préface, et Nicolas Dufourcq pour sa postface.

Ils adressent aussi tout particulièrement leurs remerciements à tous ceux qui ont permis la réalisation de ce projet et qui s'y sont impliqués : Christian Collot, Arnaud Chaigneau, Vincent Roux, Séverine Pirault, Grégory Mesnil, Jehan Romé, Clément Simon, Chris Bénévent, Alice Tremblais, Victor Jaud et l'ensemble de l'équipe Intuiti, Chloé Schiltz, Sara Pereira, Adeline Coffinier et l'ensemble de l'équipe Dunod, Vivien Pertusot, Philippe Mutricy et Bpifrance, Gonzague de Blignières, Alexandra Panseri-Boisgard, Paul Jeannest et les équipes de Raise France, Gaëlle Legris et les équipes de l'agence Léon, Emilie Bolloré, Estelle Debray, Landry Chiron, Lara Le Carbonnier, Laurent Métral, Christine Tremolières, Aurélie Pech, Roxane Planas, Romain Grière, Alexis Bollaert, Matthieu Lerondeau, Marie Auberger, Thomas Fillias, Emma De Sainte Maresville, Orlane Moneuse, Magalie Pouclet, Cécile Filippi, Christèle Blay, Christophe Pradeau, Coralie Gaudoux, Camille Couturier, Grégory Escure… et tous ceux que nous aurions pu oublier !

Enfin, mille mercis à notre entourage pour leur soutien et leur écoute.

Préface

Aujourd'hui la révolution digitale ouvre un monde nouveau et établit un paradigme inédit venant redéfinir et réinventer les entreprises, dans toutes leurs dimensions. Si j'ai accepté de préfacer cet ouvrage, c'est qu'il me semble primordial de mettre en lumière les différents enjeux liés au numérique.

Le numérique envahit nos vies. Il change nos comportements, nos habitudes, nos réflexes.

Attendre quelqu'un et se précipiter sur son téléphone pour lui envoyer un message : où es-tu ?

Lire ses mails, son Instagram ou son WhatsApp, le nez dans sa vie connectée, et ne plus regarder le bleu du ciel, les gens qui passent, le serveur qui apporte un café.

Oublier de chercher dans sa mémoire pour se souvenir d'un nom, d'une histoire, d'une date et faire de Google le compagnon de toutes les conversations. Finis les longs débats : « *Tu en es sûr ?* » ; « *Je mettrais ma main à couper que c'est en 1480 et non en 1482 !* »

Se souvenir du titre d'une chanson écoutée samedi soir ? Interroger un ami sur WhatsApp : « *Tu te souviens quand on dansait sur la musique qui passait ? Elle s'appelle comment ?* », et l'ami de répondre : « *Demande à Spotify* », ou à Google.

Envie de partir en voyage, réserver un avion, un train, un BlaBlaCar, une chambre, acheter un repas, faire ses courses en ligne, parler à ses amis, travailler, répondre aux mails, concevoir un projet, écrire une note ou le roman de sa vie, regarder des séries, des émissions, des films, lancer une campagne de promotion ou de révolte… La liste est longue des actes quotidiens qui ont été rendus possibles ou facilités par le petit appendice noir qui s'appelle *smartphone*.

Bien sûr, derrière cette troisième main se cachent des sauts technologiques multiples qui s'amplifient entre eux : la blockchain, l'Internet des objets, la robotique, la maintenance prédictive, le big data, la technologie de la voix, les énergies renouvelables (solaire, éolien, marin), ou encore le stockage de l'électricité et les progrès génétiques. Le numérique amplifie les possibles à un rythme exponentiel.

Faut-il en avoir peur ? Faut-il le contraindre et le limiter ? Faut-il se réjouir et se féliciter de ce pouvoir incroyable que détient notre génération ?

Ni l'un ni l'autre. Les savoirs et les technologies sont froids, agnostiques, sans dessein ni âme.

Depuis que l'Homme est Homme, les mêmes peurs et les mêmes espérances sont débattues en haut lieu. Et les experts les plus patentés s'y sont égarés : ceux qui annonçaient que les vibrations du métro allaient rendre fous, que l'être humain ne pouvait supporter d'être transporté dans une automobile dépassant le cinquante à l'heure ; ou à l'extrême inverse, ceux qui pensaient que chacun allait voler dans son propre avion personnel d'ici l'an 2000, que l'histoire était finie, que l'interaction était devenue si grande qu'il était impossible de faire la guerre, que le travail serait désormais caduque et le loisir la norme. Tant d'affirmations définitives dont la vie se moque et qu'elle tourne en dérision.

La vérité est toute simple. Mais elle nous confronte à une réalité que nous ne sommes pas toujours prêts à entendre. Ce n'est pas la technique qui change le monde, c'est l'intention qu'on lui prête. Elle amplifie les capacités de l'humanité. Elle lui donne la chance d'aller plus vite, plus loin, plus fort, plus précisément (mais pas nécessairement plus juste). Ce n'est pas la technologie qu'il faut limiter, mais le dessein qui anime son utilisation. Elle doit être mise au service de l'humain, elle doit être son alliée.

Prenons un exemple : lorsque j'étais jeune, le savoir, la connaissance donnaient un pouvoir indéniable. C'est toujours le cas lorsqu'il s'agit de produire des objets ou des solutions complexes. S'il n'y a que quelques constructeurs de moteurs d'avion, c'est parce qu'il faut à la fois un savoir et un investissement en capital, que peu d'entreprises ont acquis et parviennent à préserver.

Mais aujourd'hui de nouveaux venus, privés, viennent tacler les États. C'est ainsi le cas sur la science de l'espace, réputé impossible à atteindre. Et le pire, c'est que ni Elon Musk ni Jeff Bezos ne sont des spécialistes de l'espace. La passion et le désir l'emportent sur la science. Comme ils ne savent pas que c'est impossible, ils le font[1].

Aujourd'hui, l'expertise, la valeur du savoir sont contestées. C'est ce que nous avons compris dès la création de RAISE avec mon associé Gonzague de Blignières. En créant un modèle pionnier en France mêlant les grands groupes et institutionnels actionnaires, les ETI et les startups, nous avons rencontré, depuis 2013, plus de 2 500 jeunes entreprises et nous réalisons qu'être à leur contact est une équation gagnante : car, chaque jour, les « petits » apprennent et enrichissent les « grands ». L'agilité, le génie créatif, la multiplication des idées et des nouvelles solutions est un atout essentiel pour le dynamisme et la vitalité de notre économie.

De jeunes entrepreneurs viennent ainsi disrupter le marché de l'hôtellerie, des taxis, du bricolage, de la photographie, du repas à domicile, du pressing, de la donnée prédictive - et la liste est intarissable - sans rien connaître au secteur. Comme si leur ignorance et leur désir de répondre à un besoin non satisfait leur donnaient une liberté, une créativité que l'expert historique a perdue, englué qu'il est dans ses méthodes et ses process éprouvés mais devenus désuets. Bien sûr, ils apprennent, mais avec un autre angle, une autre préoccupation, une autre vision, un autre dessein sur le monde.

1. « *Ils ne savaient pas que c'était impossible, alors ils l'ont fait* », Mark Twain, écrivain et humoriste américain.

Car là est l'essentiel. Le partage des données n'a pas, loin s'en faut, conduit à une économie du partage. Les entreprises qui ont compris avant les autres que partager l'information, au lieu de la garder pour soi, était un moteur de croissance, ont empoché la martingale, pour un temps en tout cas, et semblent détenir les clés de l'avenir. Mais si elles y sont parvenues en si peu de temps, pourquoi d'autres, plus jeunes, plus inventives, plus novatrices, comprenant mieux l'esprit du monde n'y arriveraient pas ? Et pourquoi pas, ici en France ?

L'équation qui se pose à nous n'est ni le numérique, ni l'intelligence artificielle, ni la technologie, ni les autres savoirs qui vont émerger et dont nous ne connaissons pas encore le nom.

Cette équation se situe dans la finalité que nous portons à ces nouveaux possibles. S'en emparer pour faire des outils à sa main ? Ou se terrer en attendant d'être mangé par les autres nouvelles puissances ? Avoir confiance dans sa capacité à explorer et inventer d'autres avenirs ou se couler dans le futur imposé par d'autres ?

Rien n'est nouveau dans cette guerre entre le pessimisme de raison et l'optimisme d'aventure. Aucune guerre ne s'est jamais gagnée sur un terrain conquis. La bataille est toujours ailleurs, dans l'inconnu, dans le possible échec qui devient un apprentissage, dans la curiosité, dans la foi dans la capacité de l'Homme à résoudre les problèmes, y compris ceux qu'il a lui-même engendrés. Dans l'instinct de survie qui le conduit à mobiliser corps et âme pour sauver ce qui seul importe au bout du compte : sa vie.

Alors qu'on le veuille ou non, si nous ne voulons pas vivre dans l'univers proposé par les films de science-fiction, où tout est métal, écrans, lumières artificielles, mais que nous pensons qu'il est possible de construire un monde meilleur, qui apporte à chacun la possibilité *d'être* pleinement, il est temps de se retrousser les manches.

Car à côté de l'univers « métallique », s'ouvre aussi les champs immenses du retour à l'essentiel : le respect de la nature, la lutte pour la biodiversité, la redécouverte de traditions et d'expertises anciennes comme la permaculture, la médecine des plantes, la force des autres civilisations et cultures, le patrimoine historique et culturel, la prise de conscience qu'être heureux ne vient jamais de l'accumulation de biens.

La quête de l'Homme vers le sens de sa vie et le désir de joie n'a jamais été aussi grande. La soif d'authenticité, de générosité, de partage avec les autres, des plaisirs simples, de la sobriété heureuse est désormais grandissante. Les vendeurs de produits éphémères, polluants et esclavagistes modernes n'auront plus de beaux jours devant eux. Car notre frénésie à inventer d'autres besoins a conduit au gavage des Hommes comme on gave les poulets et les oies.

Une nouvelle ère de possibles est là, devant nous. Ces milliers de pousses, partout dans le monde, s'expriment sur tous les terrains, qu'ils soient culturels, spirituels, environnementaux ou sociaux. Le vrai combat est là. Et les Hommes, autant que les entreprises qu'ils créent ou animent, portent cette responsabilité nouvelle, à la fois gigantesque et simple : « *Science sans conscience n'est que ruine de l'âme*[1] ».

Mon père, généticien, disait : « *La science est cumulative, mais la sagesse ne l'est pas* ».

Et si, au fond, le thème de ce livre n'était-il pas la sagesse ?

Clara Gaymard
Co-fondatrice de RAISE France

1. François Rabelais, *Pantagruel*, 1532.

Introduction

Le livre que vous tenez entre les mains est le fruit de nombreuses rencontres, en particulier avec les 27 décideurs que vous découvrirez dans les pages qui suivent. Pendant un an, ceux-ci ont accepté de nous ouvrir leurs portes pour partager, sans tabou, leurs enjeux et les défis qu'ils doivent relever au quotidien pour opérer la transformation de leurs entreprises.

Ces dirigeants, managers ou entrepreneurs, nous ont fait voyager à travers une France industrielle souvent méconnue. Des sites de production de nickel d'Eramet, à Doniambo en Nouvelle-Calédonie, aux usines d'Epinal où sont produites les couches de la startup Joone, nous avons croisé les regards, les points de vue et les expertises, pour essayer de tracer les grandes lignes de cette période de changements, aussi porteuse d'inquiétudes que d'espoirs.

Ces entretiens ne sont que la face émergée de l'iceberg : au fil des années, nombreux sont les interlocuteurs qui ont nourri nos réflexions, en échangeant avec nous sur les bouleversements en cours dans leurs secteurs. Qu'ils en soient aujourd'hui remerciés. Car c'est un trait commun à la plupart des dirigeants confrontés à ce sujet délicat de la transformation : le besoin d'échanger et de partager.

Évidemment, ce livre n'aurait bien sûr pas existé sans la rencontre des deux auteurs de ces lignes : Benoit et Quentin. Tous deux, nous avions, chacun de notre côté, observé la rapide évolution de l'économie depuis le tournant des années 2010 et l'émergence de ce concept de « transformation numérique » : Quentin, dans l'univers startup à Paris, puis au sein de l'agence Intuiti, où il côtoie au quotidien les dirigeants d'ETI, PME et grands groupes en pleine transformation ; Benoit, en tant que journaliste spécialisé sur les sujets du numérique, un poste qui lui a permis d'échanger avec de nombreux décideurs de grands groupes, en France et à l'international.

Deux autres personnes ont été déterminantes dans l'histoire de ce projet. Clara Gaymard, d'abord, qui a très gentiment accepté de signer la préface. Après avoir dirigé la filiale européenne d'un des plus grands groupes industriels mondiaux, General Electric, elle œuvre désormais pour accélérer l'innovation et rapprocher startups et grands groupes, grâce au fonds RAISE, qu'elle a créé avec son associé Gonzague de Blignières.

Nicolas Dufourq, ensuite, qui est à la tête de Bpifrance et en première ligne dans le développement de la French Fab : il a accepté de rédiger la postface de ce livre et de rappeler ses convictions, que nous partageons : « *L'industrie a besoin d'être soutenue, de voir son image redorée et d'être accompagnée dans son développement digital et à l'international.* »

Toutes ces rencontres et expériences nous ont aussi conduit à établir plusieurs constats :

- le sujet de la transformation des grands groupes, et tout particulièrement dans les services, a déjà été largement abordé. Mais le monde industriel est encore peu couvert, et en particulier le tissu régional de PME et ETI. Il regorge souvent de leaders injustement méconnus ou de groupes innovants déterminés à faire bouger les lignes de leur secteur ;
- les méthodologies et les guides autour de la transformation numérique sont nombreux dans les librairies, mais il y a encore trop peu de témoignages et de véritables retours d'expériences qui dépassent le cadre de la belle histoire ;
- quand il est traité, le sujet de la transformation industrielle se concentre sur la production, autour des concepts d'Usine du futur ou d'Industrie 4.0. Pourtant, cette transformation de la production n'est qu'un élément d'une transformation qui touche toute la chaîne de valeur industrielle, en particulier la distribution.

Notre parti pris a donc été de nous concentrer sur le monde industriel, en diversifiant au maximum les domaines : des marques connues du grand public (Groupe SEB, Groupe ERAM, Pierre Fabre, Grosfillex, Butagaz), des entreprises à la fois distributeurs et producteurs (Keria, Saint-Gobain, Kerpro), des industriels purement BtoB (Idea, Farinia, Socomore, Groupe ISB, UTT, Jouve, CAIB, LACROIX Group), des grands groupes (SNCF, Michelin, Renault, Eramet, VINCI) ou des startups (Joone, Sensee, Gemmyo).

Plus que des conseils et des recettes toutes faites, ce livre vise donc à dresser une photographie d'un écosystème industriel français en pleine réinvention, à l'aube des années 2020, grâce à des témoignages qui, nous l'espérons, vous aideront à vous faire une opinion et construire votre vision.

L'objectif est de vous apporter des éléments de réflexions et des retours d'expérience les plus honnêtes et transparents possibles.

Bonne lecture !

Quentin Franque & Benoit Zante

Les nombreux entretiens que nous avons menés nous ont permis d'identifier dix grands traits communs aux entreprises industrielles, petites ou grandes, BtoB ou BtoC. Ce sont les dix parties du livre, les dix défis qu'ont à relever, souvent de front, les dirigeants.

- **Passer d'une approche produit à une vision client**

Le premier des défis est celui de la culture client : avec la digitalisation de l'économie, le client final fait une entrée fracassante dans les logiques industrielles, conduisant les entreprises à remettre en cause un modèle dans lequel c'était essentiellement le produit qui était roi.

- **S'adapter à l'évolution de la distribution**

Cette place inédite occupée par le client a aussi des implications du côté de la distribution, avec l'émergence de nouveaux schémas de vente et de prescription. Cette situation oblige les organisations à repenser et adapter leurs modèles, afin d'intégrer le digital à toutes les étapes de leurs parcours de vente.

- **Développer les complémentarités entre les canaux**

Face à de nouveaux concurrents, parfois 100 % digitaux, les industriels ont tout à gagner à cultiver ce qui fait leur différence et leur valeur ajoutée : une réputation bien établie, un réseau de distribution, des points de contact physiques, un appareil productif…

- **Prendre le tournant des services**

Dans la recomposition de la chaîne de valeur, l'intégration de services à l'offre des industriels est de plus en plus fréquente afin d'apporter des solutions complètes aux attentes des clients. Mais développer des services est loin d'être simple pour des entreprises industrielles traditionnelles.

- **Saisir les opportunités de la data**

Les données, leur collecte et leur exploitation sont un autre élément clé dans la nouvelle chaîne de valeur qui émerge avec le digital. Les industriels le comprennent : ils doivent maintenant intégrer la culture de la donnée à travers toutes les strates de leurs organisations.

- **Insuffler une nouvelle culture de l'innovation**

Tous ces bouleversements impliquent de repenser les process et les façons de faire. Cela se traduit avant tout par la mise en place d'une nouvelle culture de l'innovation, plus ouverte et agile, afin d'accélérer les cycles de développement et de s'adapter au rythme du numérique.

- **S'ouvrir à un écosystème plus large**

Dans le contexte du digital, il devient de plus en plus complexe de réussir seul : les industriels ont tout à gagner à développer de nouvelles logiques d'écosystème, qui les aideront à accélérer leur transformation.

- **Concilier court terme et vision stratégique**

La digitalisation oblige à accélérer le rythme des réinventions. Le défi des managers est de réussir à accélérer en donnant une cohérence aux différentes actions menées, en déployant une vision porteuse de sens pour toute l'entreprise.

- **Accompagner le changement**

La transformation numérique est trop souvent réduite à une révolution technologique. Elle est pourtant avant tout humaine. Pour réussir, les dirigeants doivent accompagner, former et expliciter le changement auprès de leurs collaborateurs.

- **S'inspirer des entreprises *digital natives***

Alors que de nouveaux entrants s'intéressent de près à l'industrie, les groupes établis ont tout intérêt à regarder du côté des jeunes pousses, pour s'inspirer de leurs bonnes pratiques et collaborer avec.

Partie 1

Passer d'une approche produit à une vision client

La plupart des dirigeants interrogés s'accordent : plus qu'une révolution digitale, le monde de l'industrie est en train de vivre une révolution du client. Tous, ou presque, en BtoB comme en BtoC, revoient leurs approches pour penser d'abord à leurs clients, à leurs usages et à leurs attentes, avant d'imaginer de nouveaux produits, solutions ou parcours d'achat.

La révolution par les usages

« *Pour nous, le digital est une opportunité : il nous permet d'avoir une relation directe et personnalisée avec le consommateur* », explique ainsi Guillaume Planet, le vice-président marketing et digital media du Groupe SEB. Après s'être attelé à construire « *des stratégies centrées sur les utilisateurs plutôt que sur les produits* » et à mieux personnaliser ses actions marketing, le groupe d'électroménager est en train « *de cheminer pour ne plus être dans la vente de produits, mais dans la vente de produits associés à des expériences* ».

Cette nouvelle approche client est aussi évoquée par Emmanuel Mannooretonil, le directeur du développement des nouveaux business et de l'innovation de Butagaz : « *Nous sommes là pour servir les clients avant tout : même si notre produit est formidable, nous savons que le gaz est acheté pour être brûlé !* », explique-t-il.

Pour autant, tous les industriels n'ont pas le même niveau de maturité sur le sujet, ni la même acception du mot « client ». Selon les cas, la notion de « client » peut être très restrictive (celui qui paye le bien ou le service, sans nécessairement être l'acheteur ou l'utilisateur final) ou au contraire, très extensive, comme chez Saint-Gobain, chez qui les clients « *ne sont pas seulement ceux qui payent la facture à la fin, mais tous ceux qui peuvent influencer d'une manière ou d'une autre l'achat* », selon les mots de Mathilde Hébert, la Customer Experience & Digital Marketing Director du Groupe.

Des parcours d'achat toujours plus complexes

« Penser client » amène nécessairement à se poser la question des parcours d'achat, devenus de plus en plus complexes à mesure du développement des moteurs de recherche, des smartphones, des réseaux sociaux. L'accès à l'information est facilité, les points de contact se multiplient, les exigences des utilisateurs également.

« *Si le client, dans son processus d'achat, ne trouve pas la marque en ligne, il n'aura plus le réflexe d'aller en magasin. En ligne, vous avez besoin d'apporter une expérience et une information a minima identique à celle que vous avez en magasin* », indique par exemple Yoann Le Berigaud, chez le spécialiste des luminaires Keria. La solution ? « *On part du consommateur et on cherche à comprendre ses parcours, à identifier les points de contact et ses besoins* », explique Guillaume Planet.

Même dans des schémas reposant sur des intermédiaires (en BtoBtoC), le client final est de mieux en mieux informé et de plus en plus prescripteur, remettant en cause le rôle des distributeurs qui s'interposent traditionnellement entre eux et les marques. Les acteurs industriels commencent ainsi à s'équiper pour imaginer de nouveaux cercles vertueux et développer des schémas « BtoCtoB », dans lequel le client final occupe une place centrale, mais où le rôle des intermédiaires reste clé. « *Si nous souhaitons continuer à satisfaire le client final, il nous faut réussir à être aussi pertinents que les nouveaux circuits permis par le digital, souvent plus courts, plus rapides…* », explique ainsi Patrice Bondy, le directeur général de l'entreprise de menuiserie industrielle CAIB.

Des consommateurs présents de plus en plus en amont

Dans des domaines BtoC, comme dans la cosmétique, l'agroalimentaire, les transports ou l'habitat, qui par nature ont déjà une certaine culture du client, la tâche est étonnamment encore plus complexe. Éric Ducournau, chez Pierre Fabre, explique la situation : jusqu'alors, dans ces industries, l'avis du consommateur n'était pris en considération qu'au seul échelon de la communication, en bout de chaîne. Mais, explique-t-il, aujourd'hui, « *le marketing ne dupe plus personne. Il faut donc absolument que le client final ait son mot à dire sur le produit en lui-même.* »

Le constat est identique chez Renault, où « *de plus en plus, les attentes des clients sont intégrées très en amont, à l'ingénierie* », comme le souligne Laurence Houdeville, Head of Data Gouvernance & Data Strategy du constructeur. Cette incursion du client, très en amont dans la chaîne de conception des produits implique une révolution marketing et organisationnelle.

Pour les spécialistes des produits grand public, faire une révolution client est d'autant plus urgente que de nouveaux entrants, partant de zéro mais maîtrisant tous les codes du numérique, arrivent sur leur terrain, captant rapidement des parts de marché sur des segments clés. Or, pour tous les industriels établis, « *il est plus difficile de détricoter et de retricoter un modèle existant, que de tricoter directement comme nous l'avons fait* », estime ainsi Angélique Lenain, la dirigeante d'un de ces nouveaux venus, la startup Sensee, qui se fait progressivement une place dans le domaine de l'optique.

Une révolution qui touche aussi le BtoB

Même un acteur essentiellement BtoB comme VINCI est confronté à ce type de réflexion, comme l'illustre Julien Villalongue le directeur de Leonard, la structure dédiée à l'innovation du Groupe : « *Nous avons l'intuition qu'il y a de la valeur à échanger avec le client final (les automobilistes, dans le cas d'une autoroute, par exemple), mais nous sommes déjà intermédiés dans cette relation. À l'échelle de la ville, aussi, on pense à Airbnb, Waze, Google, Tesla... mais rarement à VINCI* ».

Dans l'industrie lourde, le groupe minier Eramet se pose lui aussi la question de repenser ses modes de vente et de distribution pour s'adapter à ce nouveau contexte. Il y est incité à la fois par ses clients PME et ETI, habitués désormais dans leur vie quotidienne à des expériences d'achat fluides et transparentes, et par ses clients grands comptes, qui cherchent à maîtriser toujours davantage leurs chaînes d'approvisionnement, pour intégrer du temps réel et du « juste-à-temps ».

Ludovic Donati, le Chief Digital Officer d'Eramet explique que la transformation de son entreprise « *doit être guidée par les usages, pas par la technologie. Il faut garder en tête que le digital n'est pas une fin en soi, mais un levier destiné à apporter des gains et un retour sur investissement. On ne fait pas digital pour le plaisir, mais parce qu'il représente un intérêt très fort en termes de productivité et de réduction des coûts. C'est cela qui nous guide* ».

Passer d'une culture produit à une culture client suppose le plus souvent une prise de décision forte au niveau de la direction et se traduit par des changements d'ampleur, à l'image du processus initié par le groupe de logistique Idea : « *Un besoin de davantage de transversalité nous a amenés à casser l'organisation du Groupe et à passer d'une organisation par métiers à une organisation par marchés* », raconte Bruno Hug de Larauze, le président d'Idea. Il décrit là une démarche proche de celle commencée fin 2018 par Saint-Gobain, qui a conduit à revisiter tout son organigramme pour mener à bien un objectif : être plus proche de ses clients.

Reste que le niveau de maturité sur ce sujet de l'expérience client reste variable. L'exemple de Socomore est parlant : du fait de la complexité des produits fabriqués (entre autres, des peintures pour l'industrie aéronautique devant résister à des conditions extrêmes), l'entreprise est davantage dans une optique de préparation au changement, que dans un changement réel.

« *Dans le plan 2019-2024, l'entreprise a décidé d'intégrer le digital comme un pilier de la stratégie, dans le sens d'un digital "tourné vers le client". Mais la réalité est que nos clients ne nous attendent pas encore là-dessus, même s'il y a eu des mouvements et de grandes annonces chez certains d'entre eux. Nous avons même commencé un projet assez novateur avec un client, mais il a été remis dans les cartons assez vite…* », regrette Benoît Marcesche, le Digital Officer de Socomore.

1. Groupe SEB

Guillaume Planet est vice-président marketing et digital media du Groupe SEB. Ce leader mondial du petit équipement de la maison, aussi connu du grand public par ses marques Krups, Moulinex, Tefal ou Calor, est installé à Ecully, dans la banlieue de Lyon. L'un de ses défis : développer rapidement une relation directe avec ses consommateurs, au risque de se faire doubler par des concurrents plus agiles.

Pour un acteur de l'électroménager comme SEB, quel est le principal changement induit par le numérique ?

Pour nous, le digital est une opportunité : il nous permet d'avoir une relation directe et personnalisée avec le consommateur. Le souci, c'est que nous ne sommes pas les seuls à pouvoir avoir cette relation : les distributeurs, comme nos grands concurrents, cherchent à la développer. À nous d'aller plus vite qu'eux. Et puis, avec le digital et l'e-commerce, les barrières à l'entrée sont plus faibles : de nouveaux types de concurrents apparaissent.

Qui sont ces nouveaux concurrents ?

Aujourd'hui, sur notre marché, il est possible de développer de vraies marques sans avoir à investir les mêmes moyens que les acteurs traditionnels, tout en s'affranchissant des distributeurs. En Espagne, Secotec, sur le segment des robots-aspirateurs a réussi à prendre 30 % de part de marché ! Aux États-Unis, InstantPot n'existait pas il y a quelques années. En très peu de temps, et avec peu de budget, celui-ci a réussi à faire connaître ses cocottes grâce à une stratégie d'influence auprès de communautés ciblées, tout en profitant de la force de frappe de la place de marché d'Amazon. Pendant le Prime Day d'Amazon en 2016, ils sont parvenus à écouler pour 14,8 millions de dollars de produits en une seule journée !

Quelle est la réponse du Groupe SEB face à cette nouvelle concurrence ? Avec des produits connectés ?

Nous avons effectivement développé de nombreux produits connectés, mais pour le moment ils ne représentent qu'une part marginale de notre activité. En fait, quand on pense « client » plutôt que « produit », on se rend compte que le consommateur connecte ses appareils de lui-même : quand quelqu'un achète un Cookeo, il se connecte ensuite rapidement sur Google, sur Facebook ou sur notre application et découvre qu'il y a toute une gamme de contenus et de recettes à sa disposition. Au-delà du produit, nous pouvons donc concevoir des écosystèmes d'expérience, en capitalisant sur les différents points de contact.

Comment un groupe industriel peut-il passer d'une approche « produit » à une vision « client » ou « consommateur » ?

C'est une prise de conscience progressive : le Groupe SEB a compris les opportunités nouvelles que cela peut créer en termes de business. Sur la transformation du cycle de vente, les équipes ont bien saisi les enjeux : elles voient les concurrents comme Philips ou Dyson accélérer, les nouveaux entrants arriver et les chiffres du e-commerce croître. Mais sur la dimension « expérience client », à l'exception de certains marchés très matures, il y a encore un travail de pédagogie, dans lequel le discours du top-management est clef.

Où en est le Groupe SEB aujourd'hui ?

Nous sommes en train de cheminer pour ne plus être dans la vente de produits, mais dans la vente de produits associés à des expériences. C'est une nouvelle étape dans l'accélération de notre transformation digitale, après les deux précédentes : la construction de stratégies centrée sur les utilisateurs plutôt que sur les produits et la personnalisation de nos actions marketing.

Concrètement, comment se déroule cette nouvelle étape de la transformation du Groupe ?

Elle se joue à trois niveaux : les process, la technologie et les gens. La France, la Grande-Bretagne, les États-Unis et la Turquie sont des marchés pilotes sur ces sujets. Pour les process, nous mettons à disposition des équipes des outils et des méthodologies pour leur permettre d'imaginer des systèmes d'expérience client : on part du consommateur et on cherche à comprendre ses parcours, à identifier les points de contact et ses besoins.

Par exemple, un *liflet* dans un packaging va renvoyer vers un programme de fidélité, en échange d'un *incentive*. Le client s'y inscrit, il reçoit un premier e-mail de remerciement, puis, un second, avec des suggestions de recettes, puis un troisième pour l'inviter à rejoindre notre communauté sur Facebook. Sur cette communauté, il y a du contenu conçu aussi bien par la marque que par les utilisateurs, avec des invitations à télécharger l'application de la marque, etc.

D'un point de vue technologique, nous mettons en place toute l'architecture marketing pour porter ce système d'expérience. En parallèle, nous accompagnons la montée en compétences des équipes, tout en réfléchissant à l'évolution de l'organisation, aussi bien en interne dans nos différents marchés, qu'avec notre écosystème de partenaires. Historiquement, nous travaillons avec des agences de communication et d'achat d'espace : comment intègre-t-on maintenant de nouveaux partenaires, ceux qui vont nous aider à concevoir des expériences ?

Quel est le rôle d'un Chief Digital Officer dans ce cheminement ?

Il joue un rôle de coordination des différents chantiers, pour faire en sorte, par exemple, qu'il y ait une bonne communication entre le marketing, le commerce et les produits, afin que tout le monde avance main dans la main. Il fait le pont entre tous les sujets de l'accélération digitale, de façon transverse. Des questions autour de l'achat média, les réseaux sociaux ou la stratégie de contenus sont par nature transversales : il y a tout un travail à faire pour que l'organisation gagne en fluidité. Notamment, il faut mener une réflexion sur les solutions de pilotage et les *dashboards*, afin que les outils du marketing et du commerce communiquent ensemble, et que, in fine, nous n'ayons plus qu'un référentiel unique pour tout piloter.

Évidemment, les équipes marketing et commerce devraient travailler en collaboration, mais ce n'est pas toujours facile : heureusement, la digitalisation va dans le sens d'une collaboration de plus en plus étroite au sein de l'entreprise. Nous y sommes d'ailleurs poussés par nos distributeurs, comme Amazon, qui ne regardent pas les sujets en silos : quand nous travaillons avec eux, c'est dans une approche globale, qui regroupe aussi bien des sujets de média, de contenu, d'assortiment produit…

Comment définissez-vous les marchés pilotes sur ces sujets ?

Nous avons trois critères de choix : la taille de notre activité sur place, la maturité digitale des équipes locales et la maturité digitale du pays en général. La Turquie, par exemple, n'est pas l'un des plus grands marchés du Groupe, mais il est très avancé en digital. Ces marchés plus avancés nous permettent de produire des *case studies*, qui démontrent le chiffre d'affaires incrémental généré par ces approches nouvelles et permettent d'embarquer le reste de l'organisation.

L'e-commerce vous permet-il aussi de vous lancer sur des marchés dont vous étiez jusqu'alors absents ?

Oui, sur certains marchés asiatiques, la question se pose de nous lancer grâce à des partenariats avec des acteurs e-commerce locaux. Il y a aussi un sujet « Direct-to-Consumer » : en complément de nos réseaux de distribution classique, pourquoi ne pas développer nos propres canaux de vente ? C'est déjà le cas au Japon ou en Turquie, ou pour notre marque haut de gamme WFM. La question se pose maintenant de déployer cette approche plus largement.

En France, nous avons déjà identifié une opportunité dans la vente d'accessoires : nous capitalisons sur la relation directe que nous développons avec les consommateurs pour vendre de plus en plus de produits additionnels. La prochaine étape pourrait être la vente de services additionnels, mais ce n'est pas encore d'actualité.

Direct-to-Consumer

Désigne les marques qui vendent leurs produits à leurs clients sans passer par des intermédiaires. La pratique, ancienne, connaît un regain d'intérêt avec les réseaux sociaux et l'e-commerce, permettant à des marques digital natives de toucher rapidement un large public.

2. Pierre Fabre

Éric Ducournau est le directeur général du Groupe Pierre Fabre, deuxième laboratoire dermo-cosmétique mondial, deuxième groupe pharmaceutique privé français et leader en France des produits vendus sans ordonnance en pharmacies. Implanté depuis toujours en région Occitanie, Pierre Fabre réalise l'essentiel de sa recherche et de sa production pharmaceutique et cosmétique en France. Avec 11 000 collaborateurs dans le monde, le Groupe détient des filiales ou bureaux dans 47 pays et distribue ses produits dans plus de 130 pays. Son portefeuille comprend de nombreuses marques – dont Eau Thermale Avène, Klorane, Ducray, René Furterer, A-Derma, Dexeryl, Eludril, etc. – ainsi que des spécialités pharmaceutiques principalement en oncologie, dermatologie et urologie.

Comment le digital fait-il évoluer le business model d'un groupe comme Pierre Fabre ?

Par rapport à d'autres révolutions technologiques qui ont transformé les entreprises par le passé, la particularité du digital est qu'il a d'abord concerné des usages personnels, ceux de nos consommateurs et de nos collaborateurs, avant d'arriver dans l'entreprise.

À ma connaissance, cela n'avait jamais été le cas auparavant, et explique le fait que nous soyons aujourd'hui confrontés à un changement radical de paradigme. Un nombre élevé de disruptions sont devant nous. Celles-ci ne nous laissent d'ailleurs pas beaucoup de choix : il nous faut répondre à tous les enjeux à la fois, ce qui peut être parfois perturbant.

Face à tant de sujets à traiter, comment priorisez-vous les différents chantiers ?

Il y a plusieurs années, nous avons commencé par le plus simple, le digital au service de la visibilité pour nos marques, notamment *via* les investissements publicitaires. Très rapidement après, s'est engagé un sujet déjà beaucoup plus complexe : le digital transactionnel, avec l'e-commerce notamment. Ces projets changent déjà bien plus de choses, au niveau de la distribution, mais aussi de la comptabilité ou de la production, par exemple. Vient désormais également le digital d'entreprise, avec les outils de production et l'environnement collaborateurs.

L'étape suivante pour les entreprises de produits de santé comme la nôtre est d'être en mesure d'incorporer, à tous les niveaux, ce que nous disent les patients et les consommateurs. C'est, selon moi, l'étape la plus aboutie de l'intégration du digital.

Vous devez donc mener des investissements sur beaucoup de fronts : qu'est-ce qui dicte vos arbitrages ?

La révolution digitale nous oblige à avoir un maximum de chantiers ouverts. Forcément, cela génère de l'incertitude, mais pour moi, c'est ce qui est justement passionnant. En réalité, personne n'a les clés. Ou, en tout cas, elles changent tous les matins.

Il y a ensuite des logiques d'enchaînement. Par exemple, il est indispensable de bien maîtriser sa supply chain avant d'attaquer l'e-commerce. Maintenant, quels chantiers aborder ? Même si la question peut paraître complexe, je crois que l'on y répond en définissant d'abord sa ligne d'horizon, et ensuite en la déployant opérationnellement.

La nôtre, par exemple, était de faire du consommateur un acteur de la création de valeur. Une fois que nous avons établi cela, toute une série de chemins se sont ouverts, comme notamment la nécessité de mieux écouter le client et que ces écoutes fassent évoluer non plus seulement le marketing, mais aussi les produits en eux-mêmes.

Et comment est-ce que vous avez défini cette « ligne d'horizon » ?

Nous avons ouvert un chantier intitulé « Purpose » pour établir sa définition. Nous avons réuni des consommateurs et des collaborateurs dans plusieurs groupes de travail. Nous avons fait en sorte de respecter ce que Pierre Fabre devait être : par exemple 70 % d'internationaux et 30 % de Français, 50 % d'hommes et 50 % de femmes…

Ensuite, nous avons mis en place des ateliers de co-construction portant sur différents thèmes. L'objectif était de faire ressortir des *insights* qui allaient définir notre « ligne d'horizon » et le cadre de nos futures décisions. Concrètement, deux des *insights* qui en sont ressortis ont été ceux de « l'ancrage médical » et de « la naturalité » dont la combinaison nous distingue de nos concurrents et résonne parfaitement avec les attentes des consommateurs et de la société dans son ensemble. Une fois que vous avez identifié votre « ligne d'horizon », elle doit devenir un socle pour le développement des nouveaux produits, le positionnement et le discours des marques, la politique de RSE de l'entreprise, etc.

Vous expliquez qu'intégrer le consommateur dans votre chaîne de valeur serait l'étape la plus aboutie de la digitalisation. Comment est-ce que cette intégration se fait-elle chez vous ?

Hier, les tests que nous menions avaient un impact uniquement sur le marketing. L'utilisateur nous disait que le produit n'était pas assez *ceci* ou *cela*, nous l'adaptions pour qu'il le soit davantage. Surtout, ils n'étaient menés qu'avec le BtoB, avec les médecins et pharmaciens.

On ne peut plus procéder ainsi : le marketing ne dupe plus personne. Il faut donc absolument que le client final ait son mot à dire sur le produit en lui-même, ce qui n'est pas forcément simple lorsque l'on connaît nos temps de développement et de mise sur le marché.

Nous sommes donc dans une course de vitesse. Si nous n'intégrons pas le consommateur dans la conception du produit, sa survie est en jeu, car le digital permet au consommateur de s'exprimer en permanence sur ce produit ; mieux vaut donc l'intégrer au plus tôt dans sa création

Finalement, nous avons fait évoluer les deux phases de conception de nos produits :

- La phase de préparation des propositions produits intègre les besoins exprimés, en amont, par nos consommateurs et nos clients, dans le cadre de notre « ligne d'horizon ».
- À différentes étapes de production du produit, nous menons des tests consommateurs qui ont la faculté de nous faire retravailler le produit si nous faisons fause route.

Il y a encore quelques années, vous ne vendiez pas en e-commerce. Pourtant, depuis 2014, l'ouverture de vos filiales aux États-Unis, en Pologne et en Corée vous amène vers un accès plus direct aux consommateurs. Qu'est-ce qui justifie ces évolutions ?

Il faut avant tout comprendre que les réseaux sociaux, avec des outils comme Instagram et en permettant d'accéder directement au consommateur, est aujourd'hui devenu un circuit de distribution en lui-même.

À cela s'ajoute un deuxième facteur : pour créer de la valeur, il faut de la donnée. Pas uniquement quantitative, mais aussi qualitative. Et celui qui a le plus besoin de cette donnée pour offrir le meilleur produit au consommateur, c'est le fabricant. Mais malheureusement, le circuit de distribution traditionnel n'a pas évolué dans son partage de la donnée avec les fabricants...

Ces deux éléments expliquent que nous passions progressivement d'un BtoBtoC total à un modèle hybride, composé de BtoBtoC et d'un BtoC partiel. Je dis « partiel », car l'objectif ne sera jamais de remplacer partout nos distributeurs par nos propres plateformes e-commerce. Dans de nombreux pays, le travail conjoint avec les distributeurs restera le modèle le plus pertinent. Mais il va falloir que nous parvenions à convaincre notre réseau de distribution qu'il a tout à gagner de ce modèle hybride de distribution, les consommateurs naviguant entre les points de vente *online* et physiques et ne comprenant plus qu'une marque ne soit pas accessible à tout instant.

Comment vos distributeurs réagissent à votre volonté d'accéder, de manière plus proche, au consommateur final ?

Aux États-Unis, il n'y a aucune réticence, du fait de la culture libérale qui y règne. Nous mettons en place un modèle assez simple de rétrocession, qui permet de rémunérer la pharmacie habituelle du consommateur lorsqu'une vente est effectuée.

En France, et dans beaucoup d'autres pays, cela se passe moins bien. Le circuit de distribution est réticent et il faut les comprendre. En France, par exemple, la spécificité du secteur pharmaceutique est qu'il répond à une mission de service public. À cet égard, le pharmacien a fait 7 ans d'études supérieures et dispense gratuitement ses conseils, en échange de l'achat potentiel de ses produits.
Donc, s'il ne vend plus ses produits, son avenir est en jeu.

Votre investissement avec la startup MÊME est régulièrement pris en exemple d'une collaboration saine entre un groupe et une petite structure. Quel bilan en tirez-vous ?

En novembre 2018, nous sommes devenus associés minoritaires de MÊME, une marque qui commercialise des soins pour la peau pour les patients sous traitements anticancéreux, avec d'autres associés minoritaires dont le fonds d'investissement qui nous a mis en relation. Les cofondatrices, Juliette Couturier et Judith Levy sont toujours majoritaires. Je représente Pierre Fabre dans leur conseil d'administration. Pour la partie opérationnelle, elles sont en lien avec notre marque Avène et pour les questions plus stratégiques, directement avec moi.

MÊME a multiplié ses ventes par quasiment cinq sur l'année écoulée, entre autres parce que Avène lui a ouvert et présenté son réseau commercial en pharmacie. Parce qu'elle vend en ligne ses produits, l'entreprise a obtenu un niveau de connaissance de ses consommatrices qui est inimaginable. Enfin, la marque ne s'est pas dévoyée lorsque ses ventes en e-commerce se sont multipliées.

Je pense que ne pas perdre son identité est une chose extrêmement difficile, puisqu'il est tentant de faire des compromis plus ou moins importants dans l'objectif de capter des consommateurs plus éloignés de sa cible, afin de faire le chiffre et de tenir les objectifs.

Est-ce qu'il y a des facteurs clés de succès pour le bon déroulement d'une telle collaboration ?

Cela va vous paraître tout simple, et peut-être un peu facile, mais je dirais, sans hésiter, le respect. Chacun a sa propre feuille de route, son propre timing. Judith et Juliette ont été tout de suite transparentes sur leur agenda, ce qui a été très pratique et nous a évité de perdre du temps, puisqu'il nous a suffi de l'accepter et de le respecter. Soit nous le respections, soit nous allions dans le mur.

Pour un grand groupe, respecter le rythme et l'autonomie d'une start up peut être plus facile à dire qu'à faire. Comment y parvenez-vous quand tant échouent ?

Souvent, le problème vient de la structure de l'actionnariat, qui oblige à servir des dividendes, de manière régulière, aux actionnaires. Mon point de vue est que ces startups, si elles veulent se développer, ont tout intérêt à aller chercher un fonds d'investissement avec une vision long terme, ou un family office.

Dans notre cas, le fait que notre entreprise soit détenue à 86 % par la Fondation Pierre Fabre, reconnue d'utilité publique, et secondairement par ses collaborateurs à travers un plan international d'actionnariat salarié, est forcément un atout, puisque nous avons moins de pression de rentabilité à court terme. D'ailleurs, cette approche ne date pas d'hier : il faut rappeler que, lorsque Pierre Fabre, a créé la structure, il a dû faire face à plusieurs années déficitaires, avant d'atteindre la rentabilité.

Ce lien plus fort avec le consommateur final vient-il modifier la structure de vos marchés ?

Culturellement, la révolution digitale amène deux choses. Premièrement, une plus grande transversalité de l'information entre les continents et entre les métiers. Deuxièmement, cette révolution véhicule des peurs face au risque environnemental, au risque politique, et, au final, un repli sur soi. Ces deux éléments conduisent à une nécessaire relocalisation. Parce que si vous êtes vendeur de produits, plus vous aurez un langage de proximité, plus vous serez pertinents. Et c'est pourquoi nous cherchons à redonner du pouvoir à nos filiales, de manière à relocaliser le dialogue, le produit et ainsi revoir la logique de pouvoir ou d'influence. En clair : plus je digitalise, plus je relocalise.

Supply chain

C'est la chaîne logistique, regroupant l'ensemble des flux circulant entre l'entreprise et son environnement, en amont et en aval du processus de production.

3. Socomore

Benoit Marcesche est le Digital Officer de Socomore : il est en charge de la transformation digitale de ce groupe de 260 salariés. Créé en 1972 à Vannes (Morbihan), Socomore est spécialisé dans les produits de préparation et protection de surfaces (solvants, décapants, désoxydants, inhibiteurs de corrosion...), notamment dans l'aéronautique. Il compte aujourd'hui 15 filiales pour couvrir le monde et cinq unités de fabrication implantées en France, en Irlande, aux États-Unis et au Canada. 66 % de son chiffre d'affaires est désormais réalisé hors de France. À l'été 2018, la société a annoncé une levée de fonds de 53,5 millions d'euros, destiné à accélérer son développement.

Qui sont les clients de Socomore et quels sont vos modèles de ventes actuels ?

En 2018, 75 % de notre chiffre d'affaires de 63 millions d'euros était réalisé dans l'aéronautique. Les 15 % restants provenaient d'autres marchés, comme l'automobile, le ferroviaire, le nautique et l'énergie. Dans la majorité de nos territoires, nous vendons directement à nos clients finaux, comme les constructeurs (Airbus, Boeing, Bombardier…) ou les compagnies aériennes (Air France, Lufthansa, Emirates) et leurs sociétés de maintenance. Il nous arrive également de passer par des distributeurs, cela dépend des territoires.

Le digital vient-il directement impacter votre business model ?

Dans le plan 2019-2024, l'entreprise a décidé d'intégrer le digital comme un pilier de la stratégie, dans le sens d'un digital « tourné vers le client ». Mais la réalité est que nos clients ne nous attendent pas encore là-dessus, même s'il y a eu des mouvements et de grandes annonces chez certains d'entre eux. Nous avons même débuté un projet assez novateur avec un client, mais il a été remis dans les cartons assez vite…

Dans notre secteur d'activité, c'est souvent comme cela que ça fonctionne. Un produit développé pour le marché aéronautique, par exemple, peut prendre cinq à dix ans pour être homologué et donc vendu. Il faut donc anticiper les futurs besoins de nos clients. Il serait illusoire de croire que les changements digitaux qui ont lieu dans d'autres industries ne nous atteindront pas.

Votre parcours au sein du Groupe Socomore est assez révélateur des évolutions du Groupe : pouvez-vous nous le raconter ?

J'ai été embauché en 2008, à l'époque, le Groupe comptait 65 personnes, contre 260 aujourd'hui. Mes premières missions ont surtout concerné l'« outillage », comme le fait de choisir et déployer l'ERP du Groupe, avec en ligne de mire, une croissance soutenue à l'international (Irlande, Canada, USA, Brésil, Chine…).

À partir de 2014, nous avons lancé un grand projet de changement, avec le passage de toute l'entreprise aux outils Google G-Suite. Encore une fois, nous étions sûr de l'outillage, mais cette évolution s'accompagnait d'un plan de conduite du changement qui nous semblait indispensable.

En 2015, nous avons embauché un médiateur numérique, en partant du constat que même si les outils étaient parfaitement adaptés et qu'ils étaient déjà utilisés à la maison, ils n'étaient pas utilisés comme idéalement il le faudrait dans le milieu professionnel. Non pas que les collaborateurs les utilisassent mal, mais plutôt parce qu'ils ne savaient pas qu'on pouvait faire mieux, notamment en raison des mises à jour des outils en permanence.

C'est donc cette capacité à mener ces plans d'outillages digitaux qui vous a conduit à ce poste de Digital Officer ?

Lorsque nous sommes passés au statut d'ETI, nous avons été accompagnés par BPI France. Cet accompagnement a débuté avec un audit digital. Et les résultats étaient clairs : autant nous étions très bien équipés sur la partie outillage, autant nous étions en rETIetrait sur la partie « connexion avec le client, au niveau digital ».

D'où la création de mon poste, en parallèle de l'inscription du digital au cœur de notre plan 2024, avec un objectif clair : apporter au client les outils de service numérique dont il a besoin.

Autrement dit, la vision de Socomore est donc qu'avant de transformer votre modèle économique, le digital va impacter la relation client ?

Oui, c'est exactement ça. Le monde de la chimie et celui des consommables pour l'aéronautique sont plutôt en retrait de ce point de vue, comparé au retail ou même à l'automobile. On voit par exemple dans l'automobile que Michelin vend désormais du service, avec des puces intégrées dans les pneus pour collecter des données de suivis, ce que nos industries mettront encore quelques années à faire.

Le danger est de rester immobile. Or, le jour où nos clients souhaiteront avancer vers un monde davantage connecté, il est clair que la capacité à maîtriser le digital sera un critère discriminant. Nous nous préparons donc pour ce moment sans savoir quand il va arriver.

Vous parlez de Michelin comme d'un exemple d'entreprise qui s'oriente vers le service. Ce n'est pas votre cas ?

Pas pour le moment ! Socomore mène depuis plusieurs années une politique d'acquisitions externes, pour élargir notre offre produits et notre robustesse en tant que fournisseur de grandes sociétés mondiales. La question de proposer des offres de services s'est posée lors de la définition de notre stratégie 2024. Nous nous sommes posé de nombreuses questions telles que « *Devons-nous nous orienter vers du négoce* ? », « *Nous orienter vers du service* ? ». Mais le choix du service n'a pas été fait, nous sommes avant tout des industriels et avons fait le choix de prioriser nos ressources sur le développement de nos gammes produits. Nous ne sommes pas (encore) Michelin !

Quels sont vos objectifs à l'horizon 2024 ?

À la suite de la levée de fonds de l'été 2018 la situation a changé car de nombreuses opportunités sont apparues.

Notre direction a décidé de se focaliser sur des sociétés à forte valeur ajoutée. L'idée est de spécialiser le Groupe sur un marché plus difficile à atteindre, mais avec davantage de barrières à l'entrée pour les concurrents : les produits avionnables, c'est-à-dire des produits qui restent sur l'avion lorsqu'il vole. Ce sont des produits plus techniques, qui demandent davantage de temps d'homologation et qui sont donc plus compliqués à copier par des concurrents.

Comment faites-vous pour garder le cap sur des projets très long terme, alors qu'il y a de nombreux chantiers à mener à court terme ?

Je pense que l'important, à notre niveau, est simplement de passer par des étapes concrètes, d'aller à l'essentiel. Je vais prendre l'exemple de notre PIM (Product Information Management ou catalogue produit). Le fait de disposer d'un catalogue électronique partagé pour l'ensemble de nos clients est essentiel, mais ce n'est pas une fin en soi. Ce PIM va nous servir à communiquer nos offres produits à nos clients, c'est une étape dans le processus, mais il y en aura d'autres.

Socomore est désormais présent dans de nombreux pays, avec des business models différents et des cultures que l'on imagine spécifiques : comment faites-vous pour accélérer le développement d'une relation client digitale sur tous ces fronts ?

Il n'y a aucune solution miracle. Prenons l'exemple de notre marché américain. Nous y avons racheté une gamme de produits qui appartenait à un autre groupe. Ses gros clients avaient l'habitude d'acheter en ligne de très grosses commandes. Lorsque nous avons repris la commercialisation de ces produits, nous avions donc le choix entre développer un outil de commande en ligne pour toutes nos structures ou uniquement pour la filiale américaine.

En interrogeant nos clients sur les différents marchés nous avons compris que l'important était d'avancer pour les clients américains, en priorité. Nous avons donc mené rapidement le projet, à partir des besoins des trois gros clients de la structure américaine, qui représentaient 50 % du chiffre d'affaires de cette ligne de produits. Pour nous, être pragmatiques, c'est aussi être « orienté client ».

D'ailleurs, nous ne sommes pas toujours obligés de penser *groupe*, car cela peut représenter un frein et une inertie. Bien entendu, je ne dis pas non plus qu'il faut toujours « penser solo », mais il est indispensable de savoir s'adapter : dans certains cas, penser groupe fait sens, dans d'autres, penser local permet d'expérimenter à coûts et à risques réduits, et en allant plus vite, pour ensuite capitaliser sur les acquis d'un projet local et déployer en global.

On en vient à la difficulté de l'écoute des besoins clients et équipes. Nous ne sommes pas dans le monde de la distribution : on ne peut pas lancer des tests A/B pour identifier la meilleure réponse à un besoin client, cette écoute reste très artisanale, alors que nous nous adressons à de nombreux acteurs différents. À nous donc, d'être capables de capter les signaux faibles.

Depuis 2011, vous avez mené quatre acquisitions, établi une Joint Venture et annoncé une levée de fonds de 53,5 millions d'euros, pour conquérir de nouveaux marchés, comme les États-Unis : comment réagissent vos distributeurs ?

Remplacer un distributeur, dans un pays donné, n'est pas un objectif en soi. Si la seule chose qu'un distributeur nous propose est son site e-commerce à lui, bien sûr, il y a des chances que les évolutions de notre Groupe puissent le menacer.

Mais, à l'inverse, si le distributeur apporte du service, il n'est pas dans notre intérêt de le remplacer. Tout au mieux, nous pouvons venir compléter son offre, mais pas nous y substituer. Et, d'ailleurs, cette notion de partage fait partie de la culture de Socomore : le partage, qu'il s'agisse des risques ou des bénéfices, est un principe fondateur.

ERP (Enterprise Resource Planning)

Système d'information qui permet de gérer et de suivre au quotidien l'ensemble des informations d'une entreprise.

ETI (Entreprise de Taille Intermédiaire)

Une entreprise qui compte entre 250 et 4 999 salariés, et dont le chiffre d'affaires n'excède pas 1,5 milliard d'euros ou dont le total de bilan n'excède pas 2 milliards d'euros.

Partie 2

S'adapter à l'évolution de la distribution

Avec la digitalisation, peu de secteurs échappent à une remise en cause de pratiques commerciales souvent très anciennes. En particulier, l'e-commerce et les nouveaux parcours d'achat omnicanaux modifient en profondeur les équilibres établis, que ce soit dans le cadre de modèles de vente directs ou intermédiés, en BtoB comme en BtoC.

Un nouveau paysage concurrentiel

Le développement de la vente en ligne, en direct ou via des places de marché brise les barrières traditionnelles. Certains industriels se retrouvent en concurrence avec leurs propres distributeurs, voire même parfois avec leurs sous-traitants.

Le cas se présente en particulier dans le textile, comme le décrit Denis Marchant, le dirigeant d'UTT (Union Textile de Tourcoing) : « *Avec des plateformes comme Amazon ou Wish, les produits arrivent directement des grossistes chinois, sans même passer par les distributeurs* ».

Un mouvement similaire s'observe pour les marques de luminaires du Groupe Keria : « *Parfois ce sont nos propres fabricants, en*

Chine, qui proposent leurs produits en direct sur des plateformes e-commerce. Une mise en ligne est toujours plus rapide à réaliser qu'une implantation en magasin… mais leur avantage concurrentiel est surtout dû à leur structure de coûts : un grand nombre d'entre eux se lancent dans la vente directe, ce qui permet d'afficher des prix beaucoup plus serrés », explique Yoann Le Bourrigaud, le directeur général de Keria, qui précise que la lutte contre la contrefaçon est devenue une de ses préoccupations. Le sujet n'est donc plus seulement un enjeu pour les marques de luxe !

Sans aller jusque dans ces extrêmes, l'e-commerce et les réseaux sociaux permettent à de nouveaux concurrents d'émerger très rapidement, comme l'illustre Guillaume Planet, chez SEB : « *Aujourd'hui, sur notre marché, il est possible de développer de vraies marques sans avoir à investir les mêmes moyens que les acteurs traditionnels, tout en s'affranchissant des distributeurs. En Espagne, Secotec, sur le segment des robots-aspirateurs a réussi à prendre 30 % de part de marché ! Aux États-Unis, InstantPot n'existait pas il y a quelques années. Pendant le Prime Day d'Amazon en 2016, ils sont parvenus à écouler pour 14,8 millions de dollars de produits en une seule journée !* ».

La complexité de développer les ventes en direct

En théorie, ces mêmes réseaux sociaux et sites e-commerce devraient permettre aux industriels de toucher eux aussi en direct leurs clients, en se passant des intermédiaires traditionnels. Mais, séduisantes sur le papier, ces pratiques se heurtent à de nombreuses limites. Outre les problématiques techniques, logistiques et humaines que cela implique, ce mouvement vers l'e-commerce ne s'opère pas sans poser des questions de partage de la valeur, que ce soit au sein même de l'entreprise ou avec ses partenaires de distribution.

Beaucoup d'industriels se montrent d'ailleurs frileux sur ce sujet. Pour eux, même s'il est tentant d'accéder au client final grâce à l'e-commerce, cela pourrait être perçu comme une déclaration de guerre par leurs revendeurs. Une crainte qui, même si elle n'est jamais clairement avouée, peut générer de l'immobilisme.

Sur ce sujet, le cas de Grosfillex est pourtant un contre-exemple : l'industriel rhônalpin a osé franchir le pas en lançant son propre site e-commerce en 2018. Et la réaction des distributeurs n'a pas été celle attendue, comme le précise Sandie Ohayon, directrice Marketing : « *Je ne vais pas vous le cacher, nous avions très peur de leur réaction. Mais, à notre grande surprise, nos distributeurs nous ont soutenus. Ils nous ont simplement dit que ce choix était "normal". Par contre, il faut savoir que notre boutique a pour règle de ne jamais être positionnée en dessous des prix de nos distributeurs. C'est une chose non négociable* ».

Stéphane Decayeux, le directeur général du Groupe du même nom, prend moins de gants lorsqu'il explique sa stratégie : « *Le Groupe a mené une "verticalisation" de ses activités et intègre désormais la distribution de ses produits. L'objectif est d'être moins dépendant des distributeurs qui prennent des marges importantes, et qui n'ont pas de valeur ajoutée majeure au niveau logistique, car la livraison et l'installation du produit sont simples* ».

De nouveaux outils pour les réseaux et les forces de vente

Outre l'e-commerce, l'accès facilité à l'information pour les clients finaux et la transparence, notamment des prix, sont les forces de transformation les plus souvent citées. Dans ce contexte compliqué, les industriels doivent répondre aux inquiétudes de leurs forces de vente et de leurs distributeurs, confrontés quotidiennement à ces évolutions sur le terrain.

Les différents acteurs, où qu'ils soient positionnés dans le circuit de distribution, commencent à prendre conscience de l'urgence à réagir. Olivier Croix, membre du directoire du Groupe Kerpro, spécialiste du matériel roulant, ne s'en cache pas : « *Je pourrais vous raconter une belle histoire et habiller les choses, en disant qu'il s'agit avant tout d'innover, d'être offensifs... [...] Mais très franchement, ces décisions ne sont pas uniquement offensives. Elles sont aussi défensives : il y a une menace et il nous faut réagir. Les métiers du négoce et du commerce traditionnel vont souffrir, face à des Amazon ou autres* ».

La tâche n'a rien d'aisé, explique-t-il : « *Autant l'évolution des équipes de production est simple, puisqu'un besoin est souvent comblé par un recrutement, autant l'évolution des équipes commerciales est complexe. Nos commerciaux vendaient des produits, demain ils vont aussi se retrouver à vendre un abonnement mensuel pour un service !* »

Pour accélérer sur ces sujets, Michelin a fait le choix de mener des acquisitions de *pure players*, qui lui permettent maintenant de proposer des services numériques pour son réseau de distribution : « *Notre conviction est qu'il n'est pas possible de gagner seul sur ce sujet du e-commerce* », explique Patrice Cochin, VP Digital Transformation & Consumer Experience. « *Nous nous allions donc à des pure players, tout en accompagnant la digitalisation de notre réseau traditionnel. [...] Nous proposons de nombreuses solutions pour nos partenaires, tels que des e-shops clé en main. Par exemple, en plus de son activité d'e-commerce classique, PopGom réalise notamment des sites Internet pour les garagistes et des places de marché BtoB...* ».

En parallèle, Michelin équipe ses commerciaux de nouveaux outils, pour renforcer ses relations BtoD (Business To Distribution), désormais : « *le commercial peut avoir une vision holistique du client (distributeur ou gestionnaire de flotte), il peut mieux organiser ses visites, il a accès à l'information partout, y compris en situation de mobilité* ».

Partout, l'e-commerce impose de nouveaux standards d'expérience client

À première vue, tous les industriels ne sont pas impactés par le développement de l'e-commerce... quoique. Y compris chez le groupe minier Eramet, l'évolution des rapports commerciaux et des liens établis avec les clients est à l'ordre du jour, alors que les pratiques de l'e-commerce ont élevé le niveau d'exigence général des clients, pour davantage de transparence, de traçabilité et de réactivité. « *Face à nous, nous avons des gens qui sont habitués à utiliser Amazon dans leur vie quotidienne : il n'y a pas de raison que nous ne nous mettions pas au niveau, mais cela implique beaucoup de changements au sein de notre organisation* », explique Ludovic Donati, le Chief Digital Officer du Groupe.

Les entreprises *digital natives* ou *pure players*, 100 % intégrées et partant de zéro, ont souvent plus de facilités à développer rapidement une qualité de service qui soit au niveau de l'exigence des consommateurs. Mais ce n'est pas pour autant que les entreprises établies n'ont pas la capacité de se mettre à niveau. Le Groupe Saint-Gobain, qui a fêté ses 350 ans en 2015, en est une illustration : « *Au Danemark, par exemple, le travail de notre filiale de distribution, Brodrene Dahl, est exceptionnel : ils vont très loin dans l'intelligence artificielle et la compréhension des données, au service du business* », explique Mathilde Hébert, la Customer Experience & Digital Marketing Director du Groupe.

4. Keria

Depuis juin 2018, Yoann Le Berrigaud est directeur général des marques Keria Luminaires, Laurie Lumière et Monteleone. Après avoir cofondé le site Sarenza.com, il a participé à la transformation digitale de sociétés comme Mathon (numéro un de la vente en ligne d'articles de cuisine) et de Manor (premier groupe de grands magasins en Suisse). Il pilote désormais toute la stratégie de transformation digitale du Groupe Keria. Ce groupe familial implanté à Echirolles, dans la banlieue de Grenoble depuis 1982, compte 850 collaborateurs et 280 points de vente. Il est le numéro 1 du marché français des luminaires.

Quelles sont les activités du Groupe Keria ?

Le Groupe réalise plus de 100 millions d'euros de chiffres d'affaires dans l'univers de la maison, avec son enseigne historique Keria Luminaires, ainsi que Laurie Lumière (rachetée en 2008), Monteleone (linge de maison), Tousalon et Place de la Literie.

Dans le domaine du luminaire, qui représente l'essentiel de l'activité, le Groupe a une double approche, de sélectionneur de produits et de distributeur. Nous concevons entièrement nos gammes de produits, tout en distribuant des marques leaders du marché.

Vous êtes donc à la fois producteur et distributeur…

Nous sommes vraiment les deux : le Groupe a été créé autour de la distribution, avant de développer progressivement son portefeuille de produits, pour apporter plus de diversité aux clients, en termes de fonctionnalités, de design et de prix.

Souvent, on nous demande si nous sommes une enseigne ou une marque, mais nous sommes bien les deux à la fois : les gens achètent des produits Keria ou Laurie, mais ils vont aussi *chez* Keria et Laurie.

Où est réalisée la production de vos luminaires ?

Principalement en Asie, en Chine, mais pas uniquement : l'Inde occupe une part de plus en plus importante dans notre production. Nous produisons aussi en Europe de l'Est, en Italie et en Turquie : les zones de *sourcing* en Europe sont stratégiques, notamment pour la rapidité d'approvisionnement. En France, nous n'avons pas de production à notre propre nom, mais nous travaillons avec des designers et de belles marques de luminaires français dont nous distribuons les produits.

Quel est l'impact du numérique sur vos différents métiers, et en particulier la distribution ? Le secteur des luminaires est-il moins bousculé que les autres ?

Cela fait 20 ans que je travaille dans la distribution et le digital : il n'y a pas un secteur qui ne soit pas impacté. Toute la distribution est concernée par le numérique, à des niveaux différents selon les marchés. Il faut raisonner en termes de parcours client.

Nous avons mesuré : 37 % de nos clients viennent dans nos magasins après s'être renseignés sur Internet sur les prix, le design, les fonctionnalités… 37 % ce n'est plus anecdotique ! Donc oui, nous sommes fortement impactés par le digital.

Ce sont les collaborateurs qui le ressentent en premier : ils voient les clients se promener dans les rayons avec leurs téléphones portables, des gens qui arrivent avec des références trouvées sur

Internet, etc. Le métier du vendeur, que nous appelons « coach » désormais, est totalement transformé.

L'impact du digital, c'est aussi le fait qu'aujourd'hui, une entreprise ne peut pas se passer d'un site pour présenter ses produits, et mieux, y faire du e-commerce. Si le client, dans son processus d'achat, ne trouve pas la marque en ligne, il n'aura plus le réflexe d'aller en magasin. En ligne, vous avez besoin d'apporter une expérience et une information a minima identique à celle que vous avez en magasin.

Et puis, bien évidemment, il y a des impacts économiques sur nos métiers : avant Internet, la concurrence était assez bien cernée. C'était l'ouverture d'un magasin d'une autre chaîne dans la zone de chalandise. Aujourd'hui, notre concurrence est internationale, elle n'est plus du tout à l'échelle locale. Elle est aussi protéiforme, avec de nombreux acteurs qui ne vendaient pas de luminaires et qui maintenant peuvent le faire grâce au numérique.

Qui plus est, les *pure players* qui inondent le marché avec des milliers de produits et des prix très ajustés, comme Amazon ou Aliexpress, ne répondent pas aux mêmes conditions économiques que nous, ils ne payent pas du tout les mêmes taxes.

Vos propres fournisseurs peuvent même en venir à vous concurrencer...

Oui, parfois ce sont nos propres fabricants, en Chine, qui proposent leurs produits en direct sur ces plateformes e-commerce. Une mise en ligne est toujours plus rapide à réaliser qu'une implantation en magasin... mais leur avantage concurrentiel est surtout dû à leur structure de coûts : un grand nombre d'entre eux se lancent directement dans la vente directe, ce qui permet d'afficher des prix beaucoup plus serrés. Nous sommes donc extrêmement vigilants sur la contrefaçon : il n'est pas rare de trouver aujourd'hui en ligne des produits contrefaits à nos propres marques.

La menace que représentent ces places de marché est-elle plus forte que les opportunités qu'elles ouvrent ?

En tant que marque, nous nous devons d'être présents là où sont nos clients, s'ils veulent acheter nos produits sur Amazon ou le site de La Redoute, ils doivent les y trouver. Ce n'est pas uniquement une logique défensive : Houzz, en Grande-Bretagne, nous permet par exemple d'attaquer ce marché où nous ne sommes pas physiquement présents.

Ces *marketplaces* sont donc à la fois des menaces et des opportunités : nous les utilisons pour trouver de nouveaux débouchés. Nous commençons par la vente en France, et une fois que nos process seront parfaitement maîtrisés, nous pourrons nous développer dans toute l'Europe. L'Afrique nous intéresse aussi.

Face à tous ces enjeux, quelle est la stratégie de transformation numérique du Groupe ?

Notre ambition prioritaire est de digitaliser le parcours client. Pour l'instant, il est très traditionnel, pas suffisamment digital. Mon objectif est d'ajouter du digital là où il est pertinent. Cela passe par un site e-commerce représentatif de l'expérience client que nous voulons proposer, en termes de service, d'offre, de livraison…

Cela se traduit aussi dans la communication. Historiquement, nous communiquons beaucoup avec des flyers et des catalogues papier. Nous allons aller davantage vers les réseaux sociaux et la communication ligne.

Et en magasins ?

Dans nos points de vente, la stratégie est d'intégrer du digital de façon pertinente pour améliorer l'expérience, pas pour faire du gadget. Un gadget, ça n'améliore pas l'expérience, ça fait parler, ça fait venir des concurrents dans vos magasins, mais ça ne touche pas le client. Demain, nous aurons des vendeurs équipés de tablettes, qui pourront réaliser des projets personnalisés, avec de la 3D et de la réalité augmentée : cela apporte un vrai plus à l'expérience client. Certains secteurs, comme les cuisinistes, ont été moteurs sur ces sujets, cela transforme véritablement l'expérience.

En somme, notre stratégie est d'apporter du digital là où il fait du sens, en différenciant bien ce qui est utile pour le client et ce qui est un outil de communication. Cela ne veut pas dire que nous ne mettrons pas d'écran en magasin, mais nous le ferons uniquement si cela nous permet de mieux communiquer, en remplaçant plus efficacement et à moindre coût nos PLV.

Comment accompagnez-vous vos collaborateurs, et vos vendeurs en particulier, dans ces changements ?

Aujourd'hui, tous nos collaborateurs, avant d'être des employés, sont des consommateurs. Ils sont clients d'Amazon et d'autres enseignes qui se digitalisent. Ils sont au fait de tout ce qu'il se passe. Ils sont moteurs et attendent du changement. On observe beaucoup d'appétence pour ces sujets et une bonne appréhension du changement, même si cela soulève un certain nombre de questions, notamment sur la formation des équipes. L'accompagnement des collaborateurs est crucial dans la transformation : celle-ci ne peut se faire qu'avec eux. Si vous ne leur proposez pas une aventure dans laquelle ils se retrouvent, les probabilités de succès sont très faibles.

Quels sont les objectifs que vous vous êtes fixés ?

Nous avons la volonté de faire en sorte que l'e-commerce représente 10 % du chiffre d'affaires du Groupe d'ici à 2020. Nous investissons donc massivement pour tenir cet objectif.

Selon vous, quel est le prérequis pour réussir une telle transformation digitale ?

Pour moi, le facteur clé est d'avoir un dirigeant à la direction générale qui porte cette transformation et qui a un ADN digital. Keria est un groupe familial, les actionnaires ont souhaité nommer à la tête de l'entreprise un profil venant du digital. Ils ont compris qu'il fallait confier les postes clés de direction à des gens issus de cette culture.

La mode des « Chief Digital Officers » est passée : derrière la transformation digitale, il y a une transformation de la supply chain, des process, des points de vente, des collaborateurs. C'est un mouvement qui touche toute l'entreprise, même la comptabilité ou le contrôle de gestion.

Effectivement, quand on parle de transformation digitale, on pense souvent au « front », ce qui est visible, en oubliant que tout ce qu'il y a derrière doit évoluer...

Oui, il y a l'iceberg, et tout le reste, les process et les outils. Nous nous sommes lancés dans un changement d'ERP, car cet outil est le moteur de notre activité. Il n'avait pas évolué depuis une dizaine d'années : il ne permettait pas de mettre en place des logiques digitales, comme le *click-and-collect* ou la réservation en ligne de produits en magasin… Il aurait été possible de le faire avec l'outil en place mais pas avec le niveau de service attendu par nos clients.

Aujourd'hui, Amazon fixe le cap pour toute la distribution, nous devons nous en rapprocher, notamment sur le sujet de la livraison.

En coulisses, quelles sont les implications d'un passage à une logique d'e-commerce ou de commerce connecté ?

La logistique et la supply chain sont des métiers cachés, car on ne les voit jamais, mais quand il y a un problème en expérience client, c'est souvent dans ces processus que se situent les difficultés.

Le nouvel ERP va nous permettre de faire du commerce connecté : nos caisses en magasins seront connectées au site, on pourra faire remonter les informations en temps réel et relier les points de vente, la plateforme logistique, le siège…

Traditionnellement, nous livrons nos magasins une fois par semaine, ce qui est amplement suffisant. Mais lorsqu'on met en place du *click-and-collect* le client ne peut pas attendre une semaine, il faut qu'en 24 ou 48 heures sa commande soit disponible en magasin. Cela signifie qu'il faut revoir tous nos processus d'approvisionnement des magasins…

Le digital, c'est une pelote de laine : vous tirez sur un sujet, et il y a tout le reste qui vient. L'une des erreurs de certains groupes est de cantonner la transformation numérique à seulement quelques éléments de l'organisation, alors que ça touche tout le business… d'où l'importance d'avoir un directeur général porteur de cette transformation.

Allez-vous développer de nouveaux services ou des offres complémentaires autour de vos produits ?

Le métier de distributeurs n'est plus de pousser des produits sur Internet ou en magasin : nous nous considérons comme des fournisseurs de solutions d'éclairage. Nous vendons un produit, mais nous avons aussi des choses à apporter au client en plus, comme le service d'installation, de prêt, le SAV... Ces services sont dans notre feuille de route.

Dans votre secteur de l'univers de la maison, l'essor de la domotique et des objets connectés pourrait rebattre les cartes : qu'elle est votre vision ?

Dans notre portefeuille de produits, nous notons effectivement une montée très forte des objets connectés. Nous ajoutons de plus en plus de connectique dans nos plans produits, car c'est une tendance de fond, pas une simple mode. Notre objectif est de pouvoir s'intégrer dans l'écosystème du client, avec des produits compatibles avec les principaux écosystèmes, les standards d'Amazon, Google, Somfy, etc.

L'ampoule connectée toute seule est un gadget, mais dans le cadre de la maison connectée, ça ne l'est plus. Il est vital d'être présent sur ce secteur, d'en apprendre les usages, de comprendre les besoins des clients. C'est d'autant plus vital puisque des acteurs dans l'univers du bricolage ont déjà bien avancé sur le sujet.

Click-and-collect

Service permettant aux clients de commander un produit sur Internet et de venir le retirer directement dans un point de vente physique.

PLV (Publicité sur le lieu de vente)

Ensemble des dispositifs de communication en magasin (affiches, présentoirs).

5. LACROIX Group

Stéphane Gendrot est vice-président, en charge du Business Development de LACROIX Electronics, une des entités de LACROIX Group qui conçoit et fabrique les fonctions électroniques essentielles aux activités industrielles, automobiles, bâtiments intelligents, aéronautiques et médicales. LACROIX Electronics regroupe 3 300 collaborateurs répartis dans 4 usines de production et un bureau d'études.

LACROIX Electronics est l'une des réussites industrielles françaises de ces 10 dernières années : comment le Groupe a-t-il évolué ?

Nous sommes passés de 80 millions d'euros de chiffre d'affaires en 2005 à plus de 337,5 millions en 2018. À l'origine implantés en France, puis en Pologne, nous avons progressivement élargi notre dispositif industriel, en particulier avec le démarrage de notre site en Tunisie en 2005, une acquisition en Allemagne en 2008 et une alliance avec un sous-traitant électronique américain, Firstronic, en avril 2017. Nous avons déployé une stratégie de développement aux États-Unis et au Mexique. Au cours de la dernière décennie, nous avons également renforcé notre R&D, en recrutant des ingénieurs en France et en Allemagne.

Le numérique a-t-il un impact sur vos métiers ? Comment vous adaptez-vous ?

Même en BtoB, le parcours client évolue. Comme beaucoup de directeurs commerciaux, la question majeure que je me pose est de savoir comment mon équipe doit s'adapter aux nouveaux comportements digitaux des clients. Par exemple, quand un prospect appelle un vendeur pour la première fois, il en sait déjà beaucoup plus sur lui et sur sa société qu'il y a encore quelques années. De fait, les rôles, les missions et les interactions entre le marketing et les ventes évoluent largement chez nous.

D'ailleurs, parmi nos réflexions et études en cours, nous progressons sur la conception d'un portail client qui faciliterait l'accès à nos clients pour obtenir de l'information sur nos services, sur nos affaires en cours ou encore qui leur permettrait de lancer un devis et passer une commande. Nous faisons le pari que ce concept plutôt « BtoC » rentrera aussi dans les usages des professionnels.

Quelles sont les autres démarches que vous avez entreprises pour mieux répondre à l'évolution de ces usages ?

Nous étudions des nouvelles pistes de prospection commerciale, comme *l'Inbound Marketing* ou le *Social Selling*. **Former nos commerciaux à un usage pertinent des réseaux sociaux est aujourd'hui une priorité et nous travaillons sur le sujet**.

Cette démarche prend du temps : nous avons d'abord sensibilisé l'ensemble du comité de direction, de manière à en faire les premiers ambassadeurs. Ils ont pu poser des questions, émettre des objections, être entendus et finalement être convaincus. Maintenant que cette étape est passée, nous pouvons investir dans la formation de l'ensemble de nos équipes commerciales à l'usage de ces réseaux sociaux, et en particulier de LinkedIn.

Une étude, réalisée récemment par l'agence de Quentin, montre que plus de 50 % des décideurs BtoB utilisaient les réseaux sociaux à des fins commerciales seulement depuis moins d'un an[1] . Convaincre un commercial de changer ses habitudes ne doit pas être une mince affaire…

C'est certain. Mais, encore une fois, il faut accepter que le changement prenne du temps. Prenez mon cas personnel : il y a 5 ans, les nouvelles recrues ont essayé de me convaincre que nous pouvions vendre grâce aux réseaux sociaux. J'étais assez peu convaincu par l'intérêt des réseaux sociaux sur les ventes. Ne serait-ce que par la nature de nos produits et par la longueur du cycle de vente.

Aujourd'hui, j'ai complètement changé d'avis sur le sujet. Si on prend LinkedIn, par exemple, la plateforme génère déjà des opportunités commerciales… et je pense que ce n'est que le début.

Ces nouveaux outils commerciaux nous permettent de mieux promouvoir notre entreprise et facilitent la prise de contact. Mais, surtout, ils sont devenus une source d'information de plus en plus fiable. Lorsque nous parlions de l'évolution du parcours client, je vous disais que nos prospects en savaient davantage sur nous. Mais l'inverse est également vrai !

Inbound Marketing

Regroupe toutes les stratégies de création de contenus visant à attirer des visiteurs sur un site web, dans le but de les convertir en clients.

Social Selling

Ensemble des actions et stratégies qui s'appuient sur les réseaux sociaux, notamment les comptes des collaborateurs, pour générer des ventes.

1. Baromètre Social Selling, Intuiti & La Poste Solutions Business, juin 2018, www.social-selling-lebarometre.fr

6. Grosfillex

Sandie Ohayon est directrice marketing du Groupe Grosfillex. Originaire d'Arbent (Ain), cette entreprise fondée en 1927 est spécialisée dans la création de produits en résine, pour l'aménagement intérieur (mobilier, revêtement murs et plafonds, cloisons, menuiserie, rangements) et extérieur (mobilier, bacs à plantes, abris de jardin). Ses produits sont destinés aux particuliers comme aux professionnels. Grosfillex est aujourd'hui un leader sur toutes ses lignes de production et notamment sur le marché de la fenêtre en PVC en France. Avec 1 200 collaborateurs dans le monde et des filiales commerciales dans les principaux pays européens, ainsi que deux entités au Brésil et aux États-Unis, assurant production et vente, le Groupe se lance maintenant dans l'e-commerce en direct.

Quels sont les canaux de ventes de Grosfillex aujourd'hui ?

Le Groupe réalise 50 % de son chiffre d'affaires en BtoB et 50 % en BtoC. En BtoB, nous vendons en direct à des cafés, des hôtels, des restaurants, des constructeurs. En BtoC, nous avons trois canaux principaux : la distribution classique, chez Leroy Merlin ou Castorama, par exemple ; en ligne, avec des *pure players* e-commerce ; et, depuis un an, notre propre boutique marchande. Ces schémas de vente s'appliquent à l'ensemble de nos produits, à l'exception de la partie menuiserie, soumise à des règles très contraignantes.

On a tendance à considérer que le numérique impacte davantage les entreprises BtoC que BtoB. Est-ce le cas pour Grosfillex ?

Le digital transforme nos canaux de vente, qu'ils soient dédiés aux professionnels ou aux particuliers. Seulement, la mutation est plus subtile en BtoB. Elle concerne principalement l'arrivée de prescripteurs, sous forme de marketplaces, à l'image de la « Produithèque » du média Archiexpo. Ces sites ouvrent largement la concurrence. Des monopoles sont cassés. À nous d'en faire de vrais leviers de croissance, en entrant dans la compétition.

Qu'en est-il en BtoC ?

En BtoC, **la mutation est extrême. Le consommateur est enfin roi.** Nous avons enfin accès à tout, aux prix, aux avis. À ce sujet, la notation des produits est une véritable révolution. À nous d'apporter des preuves aux consommateurs. Cela peut être particulièrement complexe puisque nous sommes dans l'obligation de le faire dans la minute. Aujourd'hui, nous travaillons à la fois l'instantanéité et le long terme. Il n'est plus question de poser une stratégie de communication, de la mettre en place et d'attendre les résultats : ce temps-là est révolu.

Prenons un exemple : notre service client. Il y a cinq ans, le temps de réponse était de cinq jours. Aujourd'hui, un commentaire négatif sur Facebook devient une priorité à gérer très rapidement : pour satisfaire la personne en question, mais aussi pour notre image auprès d'un public plus large.

Comment répondez-vous aux exigences croissantes des consommateurs ?

Nous avons mis des KPIs (indicateurs de performance) à tous les niveaux de nos process. Nous travaillons par exemple avec « Avis Vérifiés » qui nous permet d'obtenir un retour sur chaque colis livré. Tous les matins, chaque opérateur doit consulter les avis sur les colis préparés les jours précédents.

En 2018, vous lanciez un site e-commerce pour le grand public. Quels sont vos objectifs ?

Nous avons deux buts principaux. L'objectif quantitatif est que notre site marchand capte 25 % des parts de marché total sur le long terme. L'objectif qualitatif est d'offrir l'omnicanalité pour nos clients. À ces deux objectifs s'ajoute notre besoin de construire la notoriété et l'image de la marque sur une cible plus jeune.

Opérer un site e-commerce est un nouveau métier pour Grosfillex. Comment la décision a-t-elle été prise en interne ?

Notre directeur général de l'époque, Laurent Blum, a toujours été clair sur le fait que le marketing avait le *lead* sur le lancement de ce type de projets. Donc, pour ce projet comme pour toutes les décisions d'ouverture d'un nouveau canal, nous avions toute latitude pour évaluer son intérêt et ses répercussions. Avec une contrainte claire : tout projet doit s'autofinancer. Selon moi, ce mode de fonctionnement permet de définir des motivations claires, sans sous-entendus.

Comment, concrètement, s'articule cette stratégie en autofinancement ?

Pour le lancement de ce site marchand, il m'a été demandé de construire un plan de rentabilité sur cinq ans. Ce plan doit intégrer l'ensemble des pans de l'entreprise et l'ensemble des lignes de recettes et de dépenses liées au lancement d'un site marchand. Mesurer les résultats de ce projet e-commerce indépendamment du reste de nos activités permet de suivre sa rentabilité de très près. Et donc d'aller chercher les meilleurs résultats, sans se reposer sur de prétendus effets de bord.

Par exemple, dans notre cas, nous avons fait une première année avec un chiffre d'affaires supérieur de 10 % aux prévisions, mais avec une mauvaise prise en compte des coûts de transports induits. J'ai pu retravailler le business plan, avec l'aide du contrôle de gestion, pour mieux intégrer ces coûts. Ce qui, en passant, instaure une nouvelle éducation pour toute notre équipe.

Comment les autres départements ont-ils réagi à ce projet ?

Cet investissement a été difficile pour le commerce, ce qui est compréhensible. Mais il ne faut pas non plus imaginer une levée de boucliers générale ! Il y avait une certaine lucidité de tous les côtés, puisqu'ils savent que le business se fait sur le digital. Donc, même si j'imagine que tout cela n'était pas simple pour eux, ils ont accepté la décision de notre direction et nous ont aidés à définir les références qui allaient apparaître sur le site, ainsi que le positionnement prix.

Et en externe, comment ont réagi vos distributeurs, qui y voient nécessairement une concurrence ?

Je ne vais pas vous le cacher, nous avions très peur de leur réaction. Mais, à notre grande surprise, nos distributeurs nous ont soutenus. Ils nous ont simplement dit que ce choix était « normal ». Par contre, il faut savoir que notre boutique a pour règle de ne jamais être positionnée en dessous des prix de nos distributeurs. C'est une chose non négociable.

Nous sommes donc partis de ce postulat que le prix de vente sur le site ne serait jamais en dessous des prix des distributeurs et avons investi dans un outil qui nous permet de suivre l'évolution des prix de nombreuses références, sur nos différents canaux. Un tel outil de suivi des prix coûte très cher, mais c'est le prix à payer pour assurer la paix commerciale.

Autre point de concurrence : les moteurs de recherche. Comment attirez-vous du trafic à partir de ces moteurs, alors que le sujet y est déjà préempté par des distributeurs et *pure players* ?

La bataille fait effectivement rage sur ces moteurs de recherche. Le coût de l'acquisition payante (SEA) explose et la situation est particulièrement complexe puisque certains accords nous obligent à soutenir financièrement l'effort de promotion effectué par nos distributeurs, sur nos produits. En plus de ces accords, ces mêmes distributeurs ont désormais le droit d'acheter jusqu'à notre nom de marque. Nous nourrissons donc nous-mêmes la concurrence sur ces moteurs…

Y a-t-il une solution ?

Il n'y a pas vraiment de solution simple. Celle que nous avons choisie est de dédier des gammes spécifiques et ainsi d'éviter la concurrence. Sur les gammes que nous ne présentons pas, il nous arrive d'ailleurs de proposer du contenu pour aider nos distributeurs à les vendre.

Où en êtes-vous dans l'évolution de ce site marchand ?

Nous sommes dans la troisième phase. Le site a été lancé en février 2018, avec une interface très simple, qui nous a permis de faire quelques tests, jusqu'à septembre. Puis, nous avons développé une interface complète liée à l'ERP et à l'outil logistique.

Nous attaquons désormais la troisième phase, celle lors de laquelle l'intervention humaine devient de moins en moins nécessaire, passant de la saisie à la simple surveillance. L'enjeu est maintenant d'automatiser la gestion, tout en étant capable de gérer les imprévus. Par exemple, aujourd'hui, si une personne a effectué une commande et souhaite la modifier quelques heures plus tard, nous avons beaucoup de mal à la gérer. Mais, comme je le disais plus tôt, nous sommes dans les rails au niveau financier, puisque l'objectif du business plan a été dépassé de 10 %.

Quels sont les commentaires en interne ?

Lorsque j'ai annoncé au Comex l'ambition de dépasser le million d'euro de chiffre d'affaires sur la première année, il y a eu un fou rire. Aujourd'hui, ils sont en train de comprendre que mes chiffres n'étaient pas gonflés, qu'ils étaient bien réalistes !

Ensuite, je pense que nous arrivons, à changer à la marge certaines mentalités, à faire évoluer le « *mindset* à la française ». **Il nous faut toujours nous battre contre des phrases telles que « *Pourquoi changer alors que nous avons toujours fait comme ça* », mais les choses avancent.** La preuve, pour former mon équipe de

15 personnes, nous sommes allés chercher quelques compétences en externe, mais aussi former des personnes qui venaient d'autres postes en interne. Notre équipe e-commerce devient l'équipe « tendance » ! Et il y a beaucoup de personnes en reconversion qui souhaiteraient nous rejoindre.

Avec un an de recul, quelles leçons tirez-vous de ce projet ?

Je pense qu'il faut être très prudent au début. Parfois, garder ses ambitions à taille humaine n'est pas plus mal ! Nous travaillons sur des systèmes bien ancrés, parfois rigides. Donc avancer par petits pas, tester puis déployer me semble indispensable. Rien ne sert de se précipiter et vouloir tout de suite sortir un mastodonte, si c'est pour partir à l'échec, autant du projet que de l'équipe.

Les petits pas sont une réponse à l'immobilisme ?

Mais bien sûr ! Regardez, lorsque nous avons présenté le projet, les autres filiales se moquaient gentiment de nous. Mais, aujourd'hui, nous avons avancé et eux commencent à s'inspirer de nous ! D'ailleurs, il est prévu que nous ouvrions le site marchand aux États-Unis en 2020. Le test sur le marché français devrait donc avoir de larges répercussions.

KPI (Key Performance Indicator)

L'indicateur clé de performance est un élément chiffré, déterminé à l'avance, qui sert à évaluer le succès d'un dispositif.

SEA (Search Engine Advertising)

Le SEA regroupe l'ensemble des pratiques relatives au référencement payant sur les moteurs de recherche, telles que l'achat de mots-clés sponsorisés.

Partie 3

Développer les complémentarités entre les canaux

Confrontés à des plateformes 100 % numériques qui se positionnent sur leur chaîne de valeur, les industriels cherchent à exploiter au mieux ce qui fait leur particularité : un réseau de distribution, des points de contact physique, un appareil productif… Le tout, en développant leurs activités numériques en synergie avec leurs activités traditionnelles.

« *L'idée principale est de relier le passé et le présent, pour transformer nos différents "assets" (trains, infrastructures...) grâce au numérique et faire en sorte que ce ne soit pas des freins à notre développement, mais au contraire, des avantages concurrentiels* », explique par exemple Benoît Tiers, le directeur général de e.SNCF.

Créer des liens entre les canaux de vente

Du côté du Groupe ERAM, confronté à la croissance des ventes en ligne sur son secteur, l'objectif est de développer son site e-commerce, sans pour autant laisser de côté le réseau de boutiques. Car pour les réseaux de distribution classiques, l'e-commerce est encore souvent perçu comme un concurrent… « *Nous devons être très bons en e-commerce – un domaine où nous avons d'ailleurs des taux de croissance supérieurs à ceux du marché –, mais sans y perdre d'argent, tout en faisant en sorte que cela profite à notre réseau de 300 boutiques, là où nous pouvons créer du lien avec les clients. Par exemple, plus d'une commande e-commerce sur deux est livrée dans nos magasins* », souligne Renaud Montin, le directeur de la Transformation numérique d'ERAM.

Afin de susciter l'adhésion de tout le réseau, ERAM a défini une stratégie claire : « *Le point de vente devient moteur à partir du moment où il est aussi intéressé financièrement. Nous avons donc créé la notion de "super-CA" : quand un client commande en ligne et demande à être livré en boutique, cette commande est comptabilisée au niveau du point de vente* », explique Renaud Montin.

La démarche semble relativement aisée chez ERAM, qui a la culture de la distribution depuis longtemps, mais le mouvement est plus complexe à opérer chez d'autres industriels qui ne peuvent pas se permettre de se mettre à dos un réseau de revendeurs et de distributeurs. « *Quand nous opérons en direct, c'est pour mieux comprendre nos clients et mieux accompagner notre réseau. Ce n'est pas une concurrence frontale* », souligne par exemple Patrice Cochin, VP Digital Transformation & Consumer Experience chez Michelin. Celui-ci un exemple de complémentarité : « *lorsque vous achetez un pneu sur PopGom ou AlloPneus, il faut le faire livrer quelque part pour le monter : c'est une approche partenariale* ».

Une stratégie de plus en plus couramment adoptée par les industriels concernés par ces problématiques est le développement de nouvelles gammes de produits ou services, pour segmenter leurs offres en fonction des canaux. Produits et services exclusifs, lots et formats inédits : tout le marketing de l'offre s'adapte pour proposer des éléments différents, rendant les comparaisons de prix plus compliquées, à la fois pour les consommateurs mais aussi pour les différents revendeurs.

Chez le fabricant de boîtes aux lettres Decayeux, par exemple, « *la stratégie est de distribuer le plus largement possible, online comme offline. La cannibalisation n'est pas un sujet : la présence des produits sur les différents canaux dépend de leur typologie* », explique son directeur général, Stéphane Decayeux.

Renforcer les liens avec les intermédiaires

Dans la bouche des industriels qui ont pris le virage de la vente directe, les discours à l'intention des distributeurs se veulent toujours rassurants. Les dirigeants savent que l'e-commerce ne représente, pour l'heure, qu'une part minoritaire de leur chiffre d'affaires, même s'il est appelé à croître : ils ne peuvent pas s'affranchir de leur réseau de distribution traditionnel. Se le mettre à dos serait même contre-productif.

Chez plusieurs acteurs interrogés, l'accent est donc mis sur la qualité des services fournis aux distributeurs. L'idée est la suivante : plus l'entreprise sera en mesure de fournir des services aux autres acteurs de la chaîne, moins ceux-ci tenteront de les court-circuiter. Des outils pour envoyer des contacts qualifiés ou faciliter la tâche des revendeurs et installateurs se multiplient donc.

Ainsi, au sein du Groupe ISB, spécialiste du trading et de la transformation de produits bois, le configurateur mis en place « *offre plus de 80 000 combinaisons et permet de guider le client pour qu'il puisse faire son produit à lui. Nous sommes ensuite capables de chiffrer immédiatement son projet, et nous lui proposons de le mettre en relation avec un distributeur ou un poseur* », explique Erwan Villalard, le directeur marketing et innovation du Groupe.

Il faut noter que cette approche s'observe des deux côtés de la chaîne, aussi bien dans la distribution que la production. « *Le métier de distributeurs n'est plus de pousser des produits sur Internet ou en magasin : nous nous considérons comme des fournisseurs de solutions d'éclairage. Nous vendons un produit, mais nous avons aussi des choses à apporter au client en plus, comme le service d'installation, de prêt, le SAV...* », explique ainsi Yoann Le Berrigaud, chez Keria.

Mais des discours plus offensifs émergent aussi. Eric Ducournau, le directeur général du Groupe Pierre Fabre, avertit : « *L'objectif ne sera jamais de remplacer partout nos distributeurs par nos propres plateformes e-commerce. Dans de nombreux pays, le travail conjoint avec les distributeurs restera le modèle le plus pertinent. Mais il va falloir que nous parvenions à convaincre notre réseau de distribution qu'il a tout à gagner de ce modèle hybride de distribution, les consommateurs naviguant entre les points de vente online et physiques et ne comprenant plus qu'une marque ne soit pas accessible à tout instant* ».

7. Groupe ERAM

Renaud Montin est à la fois directeur de la transformation numérique du Groupe ERAM et directeur de la nouvelle activité de chaussures connectées Parade, pour le grand public. Le Groupe ERAM, né en 1927, fédère onze marques de mode « accessible », dont Gemo, Texto, Bocage ou Faguo et compte encore deux usines dans le Maine et Loire. Très tôt dans son histoire, ERAM a mené le virage vers la distribution directe, en déployant un réseau de magasins à travers la France. Aujourd'hui, il doit gérer le tournant du numérique et de la transformation durable.

À quel point l'e-commerce a-t-il un impact sur l'activité du Groupe ERAM ?

En France, le marché de la chaussure représente entre 8 et 9 milliards d'euros. Aujourd'hui, 15 % des ventes sont réalisées sur le web. Il y a encore cinq ans, c'était moins de 10 %. Nous estimons qu'à terme, Internet devrait représenter 25 % du marché, avec des *pure players* e-commerce dont les modèles ne sont pas forcément rentables. Cela bouscule les équilibres, d'autant plus qu'au même moment, d'autres tendances de fond rebattent les cartes : l'arrivée de nouveaux acteurs, notamment issus du textile, qui étaient jusqu'alors absents du marché de la chaussure, ou l'explosion du sportswear.

Comment réagissez-vous face à ces nouveaux venus ?

Dans ce nouvel équilibre de marché, notre force est dans nos marques. Une marque comme ERAM, qui existe depuis plus de

90 ans, a des valeurs, des savoir-faire et une identité. Les *pure players* ont eu une proposition de service, mais n'ont pas encore de marque forte. Le Groupe est le premier fabricant de chaussures en France, avec encore deux sites de production.

Ensuite, nous faisons la différence avec nos magasins : toute notre stratégie est pensée autour du point de vente. Nous devons être très bons en e-commerce – un domaine où nous avons d'ailleurs des taux de croissance supérieurs à ceux du marché –, mais sans y perdre d'argent, tout en faisant en sorte que cela profite à nos réseaux de boutiques, là où nous pouvons créer du lien avec les clients. Par exemple pour ERAM, plus d'une commande e-commerce sur deux est livrée dans nos magasins. Pour le client, cela offre la possibilité d'essayer et d'échanger sur place le produit s'il ne convient pas.

Vous faites aussi un effort particulier pour innover... votre Groupe est régulièrement présent au CES de Las Vegas : quel est l'objectif ?

Dans un contexte de plus en plus concurrentiel, nous devons explorer de nouvelles poches de valeur : le marché attend de nouvelles choses, nous devons encore plus qu'avant prendre des risques.

Aujourd'hui, l'innovation est à la fois servicielle et produit. En e-commerce, nous avons été les premiers de notre secteur à proposer l'e-réservation et le *click-and-collect* sur nos sites. Maintenant, nous testons des choses comme la livraison collaborative, par nos clients... Du côté du produit, l'idée est toujours de démocratiser la mode, en mettant l'accent sur la personnalisation.

La chaussure connectée #Choose by ERAM présentée au CES, c'est une chaussure caméléon, qui change de couleur grâce à une application : le modèle *made in France* (aussi bien l'électronique que la chaussure) a été commercialisé en 2017, en série limitée. Le CES nous a permis de tester l'appétence du produit, dans le cadre du salon de référence mondial pour la Tech, tout en construisant un écosystème autour de l'Internet des objets.

La marque ERAM a aussi testé l'impression 3D de talons, en une heure en magasin, ou encore la personnalisation d'escarpins, avec un configurateur en ligne. La personnalisation correspond à une tendance de fond.

Plus récemment, le Groupe a décidé de développer une nouvelle ligne d'activité, autour de services connectés ?

Effectivement, notre *business unit* Parade, qui protège les travailleurs depuis plus de 40 ans, a pris le pas des objets connectés et construit un écosystème autour d'une nouvelle génération de chaussures « ange gardien » qui permettent de détecter les chutes et de donner l'alerte, pour ainsi protéger les personnes isolées.

Cette nouvelle gamme « Parade Connect » est composée d'une division pour les Professionnels (chaussures de sécurité) et d'une autre Grand Public, dont je m'occupe désormais. Nous avons lancé cette nouvelle activité en septembre 2019, mais dès janvier 2019, nous avons reçu un CES Innovation Award, catégorie « Tech for a better world », dont nous sommes très fiers. C'est une toute nouvelle aventure pour nous sur des canaux de distribution totalement différents de ce que nous avons l'habitude de faire.

Sur le terrain, comment votre réseau s'approprie-t-il ces évolutions ?

Dans tous les projets que nous menons chez ERAM, nous intégrons la dimension culturelle et la conduite du changement.

L'enjeu est de montrer que le digital est le bras armé du magasin : sans un bon référencement en ligne et en l'absence de services comme le *click-and-collect* ou l'e-réservation, le trafic en magasin va décliner… Le plus compliqué est de faire comprendre cette réalité et de donner du sens à toutes nos actions.
Mais c'est de toute façon dans notre ADN d'être audacieux et innovant. La marque ERAM s'appuie sur quatre valeurs : la mode, l'expertise, la proximité et l'audace. En 1927, le Groupe est né de la volonté d'un artisan bottier de passer à une dimension industrielle : c'est pour cela qu'il crée la marque ERAM, pour se différencier. Son fils, lui, a fait basculer la marque dans la distribution, en allant jusqu'à ouvrir 600 magasins. Le Groupe a été l'un des premiers industriels à passer à l'informatique… Il est naturel pour nous de défricher de nouvelles choses, d'oser.

Concrètement, comment faites-vous pour embarquer tout le monde ?

Pour la mise en place de nouveaux outils, nous nous appuyons sur un comité de représentants de magasins, pour construire l'offre avec eux. Mais la base de tout, c'est la répartition du chiffre d'affaires généré par ces nouveaux parcours client… Le point de vente devient moteur à partir du moment où il est aussi intéressé financièrement. Il faut donc intégrer ces nouveaux parcours dans les modèles de rémunération.

Nous avons par exemple créé la notion de « super-CA » : quand un client commande en ligne et demande à être livré en boutique, cette commande est comptabilisée au niveau du point de vente. Demain, chaque magasin pourra aussi devenir expéditeur de colis pour les commandes e-commerce, avec le *ship-from-store* : il faudra aussi trouver un mode de rétribution pour cela, savoir à qui attribuer le chiffre d'affaires et les coûts. Déployer une vision cross-canale impose de repenser la façon de faire les comptes de résultat.

Qui se charge d'encourager cette prise de conscience ?

Il ne s'agit pas seulement d'une révolution digitale, c'est une transformation plus large… Au sein du Groupe, la direction de la transformation numérique est en charge de mettre en place des synergies entre les différentes marques, pour aller plus vite. L'ambition est d'accélérer sur l'e-commerce et la donnée, de mener la transformation culturelle et de réfléchir à la réinvention des business models.

Au sein d'Eram, j'ai créé très tôt un poste de responsable cross-canal, qui est en charge de développer les synergies entre magasins et e-commerce. Il va sur le terrain et pilote les indicateurs cross-canaux, de concert avec la direction commerciale. Une proximité forte entre le digital et la direction commerciale est nécessaire pour avancer, sinon toute action est vouée à l'échec.

Au niveau du Groupe, toutes ces initiatives d'innovation se nourrissent entre elles dans le cadre d'un chantier stratégique pour l'entreprise nommé « Change for Good », afin de nous réinventer de manière encore plus durable, trouver de nouveaux axes de croissance et assurer la pérennité de notre groupe familial. L'évolution de nos business models doit avoir un impact positif pour à la fois le client, le collaborateur et notre environnement de manière générale.

CES (Consumer Electronic Show)

L'un des plus importants événements mondiaux pour les professionnels de l'électronique et de l'innovation, qui a lieu chaque année à Las Vegas, en janvier.

8. Groupe ISB

Erwan Villalard est directeur marketing et innovation du Groupe ISB (Innovation Solutions Bois), l'ex Pinault Bois Matériaux, repris en 2015 par ses cadres. Depuis l'automne 2017, ce spécialiste du trading et de la transformation de produits bois mène une discrète révolution, destinée à se rapprocher de ses clients finaux.

Quelles sont les différentes activités du Groupe ISB ?

Depuis 2015, le Groupe ISB est une entreprise indépendante, centrée sur l'importation et la transformation du bois, dont les produits sont destinés à être distribués dans les négoces bois et matériaux. Le Groupe ISB compte aujourd'hui quatre marques : Silverwood, qui commercialise des produits rabotés (bardages, lambris, terrasses…) ; Sinbpla, qui réalise principalement du trading de bois bruts ; Carib, qui distribue dans les enseignes de bricolage ; et enfin Wood710, une marque orientée « service », lancée en janvier 2018.

En quoi le numérique a-t-il un impact sur vos activités ?

Le secteur du bois est plutôt à la traîne sur le sujet, les innovations se retrouvent avant tout dans le domaine du produit. Mais le Groupe ISB commence à aller vers le numérique, par exemple avec *Wood Designer*, notre configurateur en ligne de bardage en bois, accessible depuis l'automne 2017 en ligne et sur applications mobiles. **L'objectif est de toucher le client final afin qu'il devienne prescripteur de nos produits auprès des poseurs.**

Comment est née l'idée de ce service ?

Le configurateur permet de répondre à l'attente de personnalisation, qui est très forte dans le domaine de la maison et de la décoration. Nous savons faire des produits personnalisés, mais nous ne pouvons pas faire un catalogue qui recenserait toutes les possibilités, ça n'aurait pas de sens. Le configurateur offre plus de 80 000 combinaisons et permet de guider le client pour qu'il puisse faire son produit à lui. Nous sommes ensuite capables de chiffrer immédiatement son projet, et nous lui proposons de le mettre en relation avec un distributeur ou un poseur. Une fois son projet conçu en ligne, il peut le visualiser en situation, en utilisant une photo de sa maison.

Le digital est donc un moyen pour nous d'entrer en communication avec le client final, qui a souvent du mal à exprimer ses besoins. Nous lui donnons les outils pour nous dire ce qu'il veut.

Comment ont réagi vos partenaires distributeurs et poseurs face à cette innovation ?

Avec ce configurateur, nous avons trois cibles : le client final, celui qui achète nos produits, mais que nous connaissons très mal ; le poseur, avec la promesse d'un gain de temps dans la conception des projets ; et le distributeur, qui peut travailler avec le poseur et fournir un devis tout de suite, en évitant les allers-retours.

L'une des forces du digital est de pouvoir personnaliser l'outil en fonction de ces cibles. Mais dans les faits, l'usage vient principalement des particuliers.

Pourquoi cette notion de prescription par le client final est-elle devenue si importante ?

C'est l'enjeu majeur dans le bâtiment et la décoration pour les fabricants : faire connaître nos marques au client final afin de se différencier et valoriser nos services, même s'il faut rester réaliste, le prix reste une donnée clé. Le web et les réseaux sociaux permettent de toucher le grand public, mais c'est à double tranchant : derrière, vous devez être bon, tenir vos promesses. Sur les réseaux sociaux, tout va très vite, dans les deux sens.

Le numérique facilite la personnalisation et le sur-mesure : quelles sont vos ambitions sur le sujet ?

Nous croyons beaucoup à la personnalisation : nous avons lancé en mai 2018 une toute nouvelle offre d'impression sur bois pour la décoration intérieure : Woodalisa. Le lambris est un marché en déclin face à des concurrents qui ont su évoluer, comme la peinture ou le papier peint… L'ambition est d'amorcer un virage vers la décoration intérieure. Nous avons trouvé une machine formidable qui nous permet de proposer aujourd'hui six collections, avec des décors standards de type fresques, et la personnalisation à partir d'une photo par exemple.

Vous avez aussi créé une nouvelle marque de services, Wood710 : quelle est l'idée derrière ?

Par rapport à nos autres marques, *Wood710* répond à un schéma de vente très différent : elle ne vend pas de produits, mais du conseil et du service. En France, beaucoup de maisons sont en bois, mais leurs propriétaires ne savent pas vers qui se tourner pour l'entretien : c'est un trou dans le marché que nous avons identifié et sur lequel il n'y a pas beaucoup de réponses. Nous proposons donc aux particuliers et aux collectivités de réaliser un diagnostic de leur installation pour proposer la solution de rénovation la plus adaptée, avant de réaliser les travaux. Il s'agit d'une activité nouvelle pour nous, pour laquelle nous avons de fortes ambitions, mais il faut construire l'offre, sans aller trop vite.

En interne, comment cette nouvelle approche se traduit-elle ?

Réaliser le configurateur nous a forcé à repenser nos process, à nous structurer différemment. Un tel outil est aussi un moyen de nous simplifier la vie : nous recevions énormément de « hors standard », rien n'était industrialisé. Au-delà de cet outil, nous sommes aussi dans une transformation interne. Il y a beaucoup de changements car nous essayons de mettre en place les éléments pour faire face à ces nouvelles façons de vendre. Par exemple, nous sommes en train de déployer un CRM et de digitaliser la captation des leads, pour être plus agiles dans les réponses à nos clients. Wood Designer génère des contacts, des devis… il est dommage de ne pas avoir de CRM en interne capable de gérer ces informations-là. Plus globalement, l'idée est de développer une connaissance de nos clients, de nos poseurs et de nos distributeurs afin de développer les offres de demain.

CRM (Customer Relationship Management)

Le CRM désigne l'ensemble des outils, mais aussi les dispositifs et opérations de marketing destiné à la gestion de la relation client, notamment dans des buts de connaissance et de fidélisation.

Partie 4

Prendre le tournant des services

Le fait de développer une approche centrée sur le client amène les entreprises à envisager les besoins de celui-ci dans leur globalité, et donc à apporter des réponses qui sortent du cadre traditionnel de l'industrie. C'est ainsi que des solutions associant services et produits, voire exclusivement servicielles, se généralisent.

Certes, l'industrie a de longue date la culture du service, mais il s'agit désormais d'aller bien au-delà des classiques offres de formation, maintenance ou d'après-vente. « *Nous sommes en train de cheminer pour ne plus être dans la vente de produits, mais dans la vente de produits associés à des expériences* », indique par exemple Guillaume Planet, VP marketing et digital media du Groupe SEB.

Une autre façon de toucher le client final

Les services sont aussi un moyen pour des acteurs historiquement intermédiés d'avoir un contact direct avec leurs clients finaux. C'est dans cette optique que Saint-Gobain développe un site de conseil et d'accompagnement sur la rénovation, ainsi qu'Homly You, « *une marque et une offre de services à destination des particuliers, pour faciliter la réalisation de leur projet avec les meilleurs professionnels du bâtiment* », selon les mots de Mathilde Hébert, la Customer Experience & Digital Marketing Director du Groupe.

Si le Groupe ISB, le spécialiste du bois, développe des services numériques tels que les configurateurs, c'est avant tout pour remplir un objectif : « *Toucher le client final afin qu'il devienne prescripteur de nos produits auprès des poseurs* », explique Erwan Villalard, le directeur marketing et innovation du Groupe. Mais pour cet industriel, les services sont aussi un axe de croissance, comme l'illustre le lancement de sa nouvelle marque, Wood710, « *qui ne vend pas de produit, mais du conseil et du service* », autour de l'entretien des maisons en bois.

L'IoT, axe de croissance

Autre axe de croissance pour l'industrie : l'Internet des objets, ou IoT. Avec les capteurs et le développement de l'électronique embarquée, potentiellement tous les produits peuvent être connectés et reliés à des services. Un exemple emblématique est celui de Decayeux, dans les boîtes aux lettres. « *Avant, nous vendions un produit, des boîtes aux lettres, maintenant nous vendons un service, une conciergerie qui permet la réception de colis* », résume Stéphane Decayeux, son directeur général. Cette incursion dans le domaine des services a inspiré à l'entreprise d'autres diversifications, telles que « Walter App », présentée au salon CES de Las Vegas en 2019, qui « *a pour vocation de favoriser l'échange entre les résidents, les étudiants ou encore les collègues de travail, et de faciliter leurs achats, en utilisant MyColisBox comme point de rassemblement* ».

À ce même salon, le Groupe ERAM présentait sa chaussure « Ange gardien », *Parade Connect*, qui permet de détecter les chutes et de donner l'alerte, dans le but de protéger les personnes isolées. « *Aujourd'hui, l'innovation est à la fois servicielle et produit* » estime Renaud Montin, qui assure la direction de la Transformation numérique du Groupe ERAM, tout en étant directeur de cette nouvelle activité de chaussures connectées Parade, pour le grand public

Le digital permet aussi de renforcer les offres de service déjà existantes : c'est ce que fait Butagaz, pour accompagner ses clients dans la transition énergétique et la réduction de leur consommation d'énergie. « *Tous nos nouveaux services reposent sur des portails web, de l'analyse de données, parfois des objets connectés, ainsi que de l'innovation sur l'expérience utilisateur au sens large* », explique Emmanuel Mannooretonil, Directeur du développement des nouveaux business et de l'innovation de l'énergéticien.

Le BtoB suit l'exemple du BtoC

L'approche servicielle n'est pas exclusive au BtoC : elle s'applique aussi à l'environnement BtoB. Et peut parfois devenir une condition de survie, comme l'explique le membre du directoire de Kerpro, Olivier Croix : « *Si nous voulons survivre, nous devons nous différencier, nous rendre indispensables. Et cette différence, nous allons la chercher dans le service, plus précisément dans un service digital qui doit être un supplément au produit, pour lui ajouter de la valeur. Notre objectif est de trouver le service qui "augmentera" le produit.* »

L'imprimeur Jouve, lui, a su faire croître depuis longtemps, à côté de son activité historique, une offre de services numériques, qui représente désormais la majeure partie de son activité. « *Cette transition a été progressive. Si le Groupe a su faire les bons choix stratégiques, elle a aussi nécessité des investissements pour remonter sur toute la chaîne de valeur* », souligne Thibault Lanxade, son P.D.-G.

Car, oui, le développement d'une offre de service est loin d'être un long fleuve tranquille… Les mots de Patrice Bondy, le directeur général de l'entreprise de menuiserie industrielle CAIB à propos de la mise en place d'outils de configuration pour les particuliers, parlent d'eux-mêmes : « *À l'époque, si nous avions su ce que cet objectif de digitalisation allait représenter en termes de temps de travail et de difficultés, nous ne nous serions probablement pas engagés dans la démarche. Nous savions que ça allait être dur, mais peut-être pas aussi dur que cela !* ».

9. Jouve

Créé par l'éditeur Henri Jouve en 1903 à Mayenne, le Groupe Jouve a connu de nombreuses transformations de ses métiers. Du Minitel à l'intelligence artificielle, l'entreprise a su prendre les virages technologiques pour se réinventer. Aujourd'hui, Jouve est une entreprise de services numériques et compte 2 000 salariés dans 10 pays. Thibault Lanxade en est le P.-D.G. depuis le mois d'octobre 2017.

Quelle est l'histoire du Groupe Jouve ?

Notre histoire commence en 1903, avec la création des imprimeries Jouve, à Mayenne. Au milieu des années 80 avec l'apparition du Minitel puis du CD-Rom, l'entreprise a repensé son métier et connu sa première transformation digitale. Aujourd'hui, son métier n'est plus uniquement l'impression, mais aussi le traitement des données et des contenus sous toutes leurs formes. Le Groupe s'est aussi tourné vers la dématérialisation, pour proposer à ses clients des solutions de numérisation, d'archivage ou de conversion de documents. Il est rapidement devenu le leader mondial de la conversion de livres en e-book, notamment.

Aujourd'hui, nous accompagnons par exemple les banques et les assurances dans l'optimisation de leurs processus métiers et nous capitalisons sur notre expertise UX/UI pour proposer une expérience utilisateur personnalisée et fluide. Nous capitalisons aussi sur toutes nos technologies de reconnaissance de documents et d'intelligence artificielle pour accélérer les parcours de vente.

Comment se répartissent ces différentes activités ? Quels sont les liens entre elles ?

Avec 90 millions d'euros de chiffre d'affaires en France et à l'étranger, le digital est au cœur de notre activité. Notre ambition est de doubler ce chiffre sous 5 ans. L'activité impression représente aujourd'hui un quart de notre chiffre d'affaires, et nous envisageons de la filialiser pour lui redonner une dynamique entrepreneuriale. Notre objectif est de créer deux entités distinctes, avec des processus, des équipes et des forces de ventes dédiées.

Comment avez-vous fait pour remonter la chaîne de valeur et réussir ce virage de l'industrie vers les services ?

Cette transition a été progressive. Si le Groupe a su faire les bons choix stratégiques, elle a aussi nécessité des investissements pour remonter sur toute la chaîne de valeur des contenus. Jouve doit aujourd'hui accélérer le développement de ses activités dans les services numériques… Notre dynamique de croissance doit être soutenue et je poursuis donc notre projet de transformation « CAP 2020 », afin de positionner Jouve dans le peloton de tête des acteurs de la transformation numérique.

Ces développements passent-ils par des acquisitions ou, au contraire, par de la croissance interne ?

Nous avons procédé récemment à des acquisitions pour nous renforcer dans certains métiers notamment la conception UX/UI, le développement d'applications natives, de sites responsive Web Design et la gestion de campagnes médias. Pour notre cœur de métier, l'externalisation des processus métiers, nous nous appuyons sur nos savoir-faire internes pour croître. Le marché des services numériques est en constante évolution ! Une multitude de startups ne cessent d'innover et de proposer de nouveaux services ou modèles économiques, dont certains disruptifs.

Dans ce marché concurrentiel, il faut aujourd'hui disposer de ressources extrêmement pointues pour répondre aux demandes spécifiques des clients et nous n'excluons pas des acquisitions pour accélérer notre développement.

Comment identifiez-vous les prochains sujets porteurs pour votre activité ?

Depuis sa création, Jouve accompagne ses clients dans leurs nouveaux enjeux. Dans le domaine bancaire, nos clients nous ont demandé d'optimiser la gestion de leurs comptes clients, notamment l'ouverture des comptes en ligne. Progressivement, nous sommes remontés dans tous leurs processus métiers et nous sommes rapidement devenus des spécialistes dans l'identification client. Nous pouvons maintenant développer des expertises dans la gestion de la fraude ou le *scoring* des clients pour l'octroi d'un crédit.

Dans le secteur de la santé, nous assurons la digitalisation des flux de la carte Vitale. Plusieurs compagnies d'assurance nous ont demandé de gérer le traitement des remboursements des assurés sociaux et du courrier des professionnels de santé. Nos clients nous demandent d'aller plus loin avec eux, et nous devenons de plus en plus experts dans leurs métiers.

Au-delà de cet accompagnement client qui fait notre force, nous investissons sur de nouveaux marchés pour nous diversifier. Nous avons acquis une réelle expérience avec les mutuelles donc pourquoi ne pas la mettre au profit des hôpitaux demain ? Depuis de nombreuses années, nous assurons également la gestion des brevets avec l'OEB et la DPMA, qui gèrent la propriété intellectuelle en Allemagne. Nous envisageons aujourd'hui de la proposer aux avocats qui interviennent sur le marché de la propriété intellectuelle.

Nous sommes proactifs et innovants sur des segments de marché où nous avons une légitimité.

En somme, on dirait que tout va bien pour Jouve : votre transformation digitale est achevée et vous pouvez envisager l'avenir sereinement ?

Au contraire, **une entreprise digitale doit sans cesse se remettre en cause.** Le projet CAP 2020 doit permettre au Groupe d'accélérer sa croissance et de devenir un acteur de référence dans le secteur des services numériques, tant en France qu'en Europe. Nous devons nous ouvrir à de nouvelles pratiques managériales, moderniser nos outils (SIRH, ERP…), nos sites. Nous avons un plan d'investissement ambitieux et des projets structurants pour l'entreprise. Pour y parvenir, nous nous donnons dix-huit mois. Autant dire que le défi est de taille.

Comment êtes-vous parvenu à ce plan de transformation ?

Ce plan a été élaboré en interne et en associant l'ensemble du personnel. Nous n'avons pas confié ce projet à un cabinet de conseil qui aurait imposé un audit et émis des recommandations… **Je suis convaincu que c'est à nous et à nous seuls d'impulser cette transformation et d'être acteur de ces changements. Une transformation réussie exige l'implication de tous les collaborateurs.**

Où en êtes-vous maintenant ?

Nous en sommes à la seconde étape, l'implémentation. C'est un plan ambitieux et son exécution est un véritable défi. Je suis confiant dans sa mise en place car il a été conçu avec les équipes.

Nous voulons moderniser nos sites et outils, mettre en place un management 3.0 et favoriser le télétravail, avec un accord qui permettra de mieux gérer l'employabilité et de donner davantage de flexibilité aux collaborateurs.

Comment faites-vous pour insuffler cet esprit de changement et d'innovation ?

Nous avons de belles réussites qui inspirent le reste de l'entreprise : nos filiales à l'étranger sont sur des modèles plus intégrés, avec davantage de responsabilités et un mode opératoire proche de celui d'une entreprise autonome. Les collaborateurs y sont responsabilisés dans des logiques plus entrepreneuriales.

En France, nous avions une culture très paternaliste (dans le bon sens du terme) très incarnée par le précédent P.-D.G. et les patrons de *business units*. Aujourd'hui, il faut être en rupture avec ce type de management, en proposant de nouvelles valeurs. Ce changement de culture managériale s'accompagne du recrutement de nouveaux profils qui doivent insuffler cet esprit de changement.

N'y a-t-il pas des résistances au changement ? Comment les dépasser ?

La résistance au changement n'est bien souvent qu'une loyauté au passé, ce n'est pas uniquement de la peur. À nous d'accompagner les collaborateurs et les managers dans ces mutations, de reconnaître le droit à l'erreur, de laisser des marges de manœuvre à chacun pour entreprendre. C'est une rupture avec le management pratiqué jusqu'à présent.

Nous sommes encore dans une culture industrielle, propre aux ETI françaises, dans laquelle on se dit qu'en produisant un bon produit, il n'y a pas besoin de le marketer, il se vendra tout seul. Aujourd'hui, les repères sont différents. Les équipes doivent être conscientes de ces évolutions et transformer elles-mêmes leur métier et leur management. Nous essayons donc d'accompagner ce changement et de recruter de nouvelles compétences qui vont stimuler nos équipes.

Quels conseils donneriez-vous à un dirigeant en pleine transformation digitale ?

Il est essentiel de comprendre que les bonnes idées sont déjà dans l'entreprise. Les collaborateurs sont au contact du terrain, des clients et ils connaissent les tendances du marché. Un plan de transformation fonctionne à partir du moment où les équipes sont pleinement associées. On peut se faire accompagner pour structurer la démarche mais il faut bien veiller à impliquer toutes les équipes, c'est indispensable.

De nombreuses entreprises mettent en place une équipe projet, confient ce plan de transformation à une entreprise de conseil qui va leur communiquer les tendances du marché, partager un benchmark et souvent un simulacre de *brainstorming*. Quelques semaines plus tard, un plan est transmis mais il ne correspond pas toujours à ce qui avait été exprimé par les salariés.

Mon conseil serait donc de bien intégrer les idées des équipes internes, de les impliquer dans la structuration du plan de transformation et d'être transparent avec les collaborateurs.

Le recrutement est un souci récurrent des entreprises en transformation : comment faire pour recruter et fidéliser les bons profils, d'autant plus quand on est une ETI en province ?

Il faut s'assurer que la culture d'entreprise soit bien en phase avec les attentes de la nouvelle génération en rendant notamment possible le coworking et le télétravail. Le salaire est évidemment important, mais ce n'est pas le premier, deuxième ou troisième critère évoqué par les personnes que nous recrutons. La qualité de vie au travail, les responsabilités, l'environnement de travail, la culture de l'entreprise : ce sont là les principaux critères.

Nous sommes implantés dans des bassins d'emplois compliqués et nous rencontrons des difficultés à recruter les meilleurs talents… Nous investissons sur la formation des collaborateurs, développons l'autonomie, la responsabilisation… Faire évoluer une culture d'entreprise est complexe et requiert du temps. Il ne suffit pas de publier un tableau avec cinq valeurs, il faut les faire vivre, les incarner dans son savoir-vivre et son savoir-être.

SIRH (Système d'information de gestion des ressources humaines)

Ensemble des logiciels et outils informatiques permettant à une entreprise de gérer ses ressources humaines.

UI (User Interface)

La notion d'interface utilisateur s'applique à toute la partie visible ou perceptible d'un produit. C'est ce que l'on voit, entend, touche lorsqu'on utilise une application mobile ou un site web.

UX (User eXperience)

L'UX ou expérience utilisateur, désigne l'ensemble des interactions d'un utilisateur avec un produit ou un service, et par extension, toutes les pratiques qui visent à les améliorer.

10. Michelin

Patrice Cochin est vice-président Digital Transformation & Consumer Experience du Groupe Michelin, qu'il a rejoint en 2001. À ce titre, il est en charge de la transformation digitale du leader mondial des pneumatiques, une mission placée sous la direction du Chief Digital Officer du Groupe. Patrice Cochin dirige également la « Global Consumer Experience Digital Factory » de Michelin, basée à Lyon.

Vos clients sont de plus en plus connectés : en quoi cela a-t-il un impact sur les activités du Groupe Michelin ?

Le « digital » n'est pas né aujourd'hui : l'Internet grand public date du début des années 2000. Mais le concept de transformation digitale s'est vraiment imposé dix ans plus tard, avec la massification des usages digitaux par les individus, qui provoque un bouleversement des modèles d'affaires, des organisations et des façons de travailler.

En tant que leader mondial dans le domaine de la mobilité, avec des produits pneumatiques, mais aussi des cartes et guides, Michelin doit constamment réinventer sa façon d'opérer pour être aussi un leader dans le monde de la mobilité digitale. **La transformation digitale du Groupe s'inscrit donc dans le cadre de sa raison d'être, qui est d'offrir à chacun une meilleure façon de se déplacer**. Chez Michelin, nous considérons que cette transformation doit être centrée sur l'humain, que ce soit l'employé ou le client.

Quels sont les objectifs principaux de cette transformation ?

Nous n'avons pas de stratégie digitale en tant que telle : **la digitalisation de nos activités doit avant tout servir les objectifs stratégiques du Groupe à l'horizon 2020**, qui ont été fixés en 2016, à savoir :

- augmenter de 20 % le CA de l'activité pneumatiques, ce qui suppose évidemment d'avoir une approche multicancale. Un tel objectif ne peut pas être atteint sans le digital ;
- multiplier par deux le CA de l'activité de services et solutions. Or, aujourd'hui, les services intègrent dans 99 % des cas une forte composante numérique ;
- tripler le CA des activités de cartographie, d'information liée au voyage et de réservation de restaurants. Tous ces services qui accompagnent les moments de mobilité sont fortement digitalisés. Michelin a été précurseur avec ViaMichelin, mais c'est une course de vitesse qui se poursuit sans cesse, on doit se réinventer en permanence ;
- développer notre savoir-faire dans les matériaux et la chimie. Là, le numérique est moins présent, mais il intervient par exemple sous l'angle de l'usine 4.0 et de l'impression 3D métal, domaine dans lequel nous sommes très avancés.

Comment vous êtes-vous organisés pour mettre le numérique au service de ces objectifs ?

La digitalisation est impulsée par notre président et par le COMEX du Groupe. Nous avons en effet souhaité que cette transformation soit celle de toute l'entreprise. La digitalisation de l'informatique est ainsi assurée par la DSI, celle de l'usine, par l'ingénierie, etc. Chaque métier est partie prenante.

En outre, Éric Chaniot, notre Chief Digital Officer a été recruté pour définir et mettre en œuvre une feuille de route ambitieuse de digitalisation de nos activités Nous avons adopté une organisation multilocalisée, avec des équipes réparties à travers le monde, proches du business, dont l'objectif est de développer des plateformes qui permettent la transformation de l'entreprise et le développement de services.

Quelles sont les missions des équipes dédiées au numérique ?

Nous en avons trois principales :

- améliorer l'engagement avec nos clients, en alignant les différentes plateformes internes ;
- accélérer le développement de nouveaux produits et services digitalisés, grâce à cette meilleure connaissance du client ;
- faire évoluer la culture de l'entreprise et les compétences digitales.

Où sont situées ces équipes ?

Elles sont principalement en France, en Chine, en Inde et aux États-Unis. En France, elles sont à Lyon, donc pas tout à fait au siège du Groupe. Aux États-Unis, de même : elles sont installées à Charlotte, en Caroline du Nord, à deux heures de route du siège américain. L'idée est de s'implanter dans des lieux où il y a déjà un écosystème digital, auprès des partenaires avec lesquels nous avons l'habitude de travailler. Le choix de s'implanter dans une autre ville est aussi une question de culture : la culture du digital et celle d'une entreprise industrielle sont complémentaires mais aussi très différentes. Dans l'industrie, c'est la logique du BPC qui prime : le produit doit être « bon du premier coup ». Le pneu est un produit sécuritaire, il est impossible de faire des compromis et le produit fini est aussi le produit final. Alors que dans le digital, on adopte des logiques agiles, dans lesquelles on intègre le client et on fonctionne de façon incrémentale.

Quelles ont été les premières étapes du processus de digitalisation du Groupe ?

La digitalisation de nos activités ne date pas du début de notre plan de transformation. Nous avions beaucoup de projets digitaux dans le Groupe et il a fallu démarrer par la définition d'une vision, partagée par le COMEX, et la mise en place d'une gouvernance qui nous aiderait à accélérer tout en rationnalisant l'existant. Nous avons ensuite défini cinq domaines prioritaires pour lesquels nous estimions nécessaire de mettre en place très rapidement une approche mondiale. La première initiative que nous avons lancée fut celle consacrée au CRM. Ce programme, que nous appelons « Engage » en interne, est centré sur les relations BtoB (flottes de poids lourds par exemple) et BtoD (distributeurs) : nous voulons qu'ils travaillent plus facilement avec nous, avec des points de contact accessibles partout et en tout temps.

L'enjeu n'est pas ici de déployer telle ou telle technologie mais d'utiliser ces leviers pour nous recentrer sur nos clients, tout en facilitant la vie de nos équipes. Ces outils sont des moyens de casser les silos qui existent traditionnellement entre le marketing et les ventes : toute l'information est centralisée dans un même lieu, ce qui permet de faciliter et accélérer la prise de décision.

Comment ces plateformes contribuent-elles à transformer l'organisation ?

Pour nous, une « plateforme » n'est pas uniquement une solution technique, c'est aussi des process et des compétences qui sont réunis pour digitaliser un domaine en particulier. Si on prend l'exemple du CRM, il y a certes l'outil qui permet de mieux connaître nos clients, mais aussi toutes les nouvelles façons de travailler qu'il implique, comment le marketing et les ventes vont l'utiliser, etc. C'est un programme au service des employés : le commercial peut avoir une vision holistique du client (distributeur ou gestionnaire de flotte), il peut mieux organiser ses visites, il a accès à l'information partout, y compris en situation de mobilité.

Un autre aspect majeur de la mise en place de ces plateformes est la focalisation sur la qualité des données et leur partage de façon standardisée dans toute l'entreprise. C'est un cercle vertueux : on ne peut pas déployer de plateforme sans données de qualité, et ces nouveaux systèmes génèrent à leur tour des informations plus qualifiées qui vont venir nourrir notre connaissance du client et nous aider à mieux les servir. La culture de la donnée se répand et transforme nos façons de travailler.

Une des transformations les plus importantes est le contact direct avec vos clients finaux...

10 % des clients dans le monde achètent des pneus en ligne, avec de fortes disparités selon les pays et les segments de marché. À Moscou, par exemple, 50 % des pneus haut de gamme sont achetés en ligne.

Mais plus généralement, dans notre secteur, 80 % des clients se renseignent en ligne avant d'acheter. Le *consumer engagement* est donc un sujet important pour nous : notre site Internet et nos applications sont des points de contacts privilégiés. Beaucoup de clients vont sur les sites des distributeurs, mais ils reviennent régulièrement vers la marque, en qui ils ont confiance.

Comment accompagnez-vous le développement de l'e-commerce ?

Pour répondre à l'objectif d'augmenter de 20 % le CA de l'activité pneumatique, il nous faut évidemment adopter une approche omnicanale, ce qui suscite de nombreuses questions… Devons-nous vendre nous-même en direct ? Est-ce qu'on accompagne nos distributeurs pour vendre eux-mêmes en ligne ? Quelle est la stratégie de génération de trafic à adopter ? Devons-nous nous associer à des *pure players* ?

Notre conviction est qu'il n'est pas possible de gagner seul sur ce sujet du e-commerce. Nous nous allions donc à des *pure players*, tout en accompagnant la digitalisation de notre réseau traditionnel. Nous avons racheté le *pure player* PopGom en 2014, puis pris une participation de 40 % dans Allopneus et 100 % dans le britannique BlackCircles en 2015.

Aux États-Unis ou en France, nous expérimentons aussi la vente en direct pour les marques BFGoodrich ou Michelin mais c'est un sujet complexe. L'ambition est de comprendre de l'intérieur les logiques e-commerce : opérer directement permet de mieux comprendre les parcours d'achat, et ensuite être plus pertinents dans la négociation ou les services apportés à nos partenaires distributeurs.

Comment réagit votre réseau de distribution classique ?

Tout est question de pédagogie, auprès des distributeurs et en interne. Quand nous opérons en direct, c'est pour mieux comprendre nos clients et mieux accompagner notre réseau. Ce n'est pas une concurrence frontale. De toute façon, nous ne pouvons pas juste vendre en ligne nous-même : il faut savoir travailler avec des *pure players*, tout en aidant à digitaliser le réseau traditionnel.

Nous proposons de nombreuses solutions pour nos partenaires, tels que des *e-shops* clé en main. Par exemple, en plus de son activité d'e-commerce classique, PopGom réalise notamment des sites Internet pour les garagistes et des places de marché BtoB… Et lorsque vous achetez un pneu sur PopGom ou AlloPneus, il faut le faire livrer quelque part pour le monter : c'est une approche partenariale.

Notre enjeu est de faire en sorte que la part de marché en ligne de Michelin soit supérieure à notre part de marché tous canaux confondus, et qu'elle y croisse plus rapidement. C'est une question d'avenir pour le Groupe. Et un travail d'équilibre subtil entre tous les canaux.

Comment développez-vous vos sites et applications ?

Nous travaillons donc pour avoir des parcours clients cohérents partout dans le monde : pour cela, nous avons décidé d'internaliser notre plateforme web. Nous développons nos sites web et mobile à Lyon, dans notre *factory*, sans déléguer ce travail à des agences. C'est nous qui pilotons les parcours, l'UX, le développement… avec des bénéfices en termes d'organisation, de sécurité, d'efficacité, d'agilité et de coût, même si tout cela est complexe.

Le principal enjeu est la qualité des talents que nous arrivons à attirer… Nous nous appuyons sur un mix de talents internes et externes. Aujourd'hui, notre besoin d'accélérer nous a conduits à avoir une majorité de développeurs externes, en régies ou freelances. Je constate qu'ils restent longtemps et se considèrent comme des membres de l'équipe à part entière. Quand il faut deux à trois mois de formation et d'adaptation à la culture Michelin, il n'est pas question que les gens repartent au bout de six mois, ce ne serait pas rentable. La culture et le management sont des éléments clés de la transformation… Sur ce sujet**, les entreprises industrielles à forte culture, comme Michelin, ont des atouts à faire valoir bien plus que les autres.**

11. CAIB

Patrice Bondy est le directeur général de l'entreprise de menuiserie industrielle CAIB (450 collaborateurs, CA de 96 M€ en 2018, deux usines à Cholet), appartenant au Groupe Liébot (K•LINE, OUEST ALU, MC FRANCE, BIPA, CAIB). CAIB est l'un des acteurs majeurs, en France, dans la production de portes et de fenêtres pour des clients de la distribution Bâtiment et Bricolage. En janvier 2015, l'arrivée de Patrice Bondy à la tête de l'entreprise a coïncidé avec le lancement de trois services de configuration, au cœur du projet de digitalisation de l'entreprise.

Comment CAIB a-t-il débuté sa digitalisation ?

Avec l'équipe de direction, lors de mon arrivée début 2015, nous avons construit un plan à cinq ans. La digitalisation était au cœur de nos priorités : nous avons présenté le plan à la direction du Groupe Liébot, qui l'a accepté. Nous sentions que la digitalisation de notre métier et nos relations avec nos clients distributeurs était un véritable besoin. Mon parcours en est une raison, l'esprit d'exploration et d'inventivité de nos équipes une autre. **Nous savions que nous étions face à un Everest, bien sûr. Mais nous nous sommes dit qu'il fallait y aller, peu importe la difficulté** et surtout sans écouter les personnes qui nous répétaient qu'ils avaient déjà essayé, que ça n'avait pas marché…

Quel est votre rôle dans cette digitalisation ?

On peut dire que j'ai joué le rôle de « super chef de projet ». **La digitalisation de nos services est un axe stratégique majeur**

de notre entreprise et en tant que directeur général, je dois montrer l'exemple. Cela signifie, dans les faits, montrer que ce sujet est absolument déterminant pour notre avenir. Concrètement, depuis deux ans, je commence toutes mes semaines avec un comité de pilotage d'une demi-heure avec les équipes concernées.

La digitalisation de vos services passe par la mise en place de configurateurs : pouvez-vous nous en dire davantage ?

Nous sommes en cours de création de trois configurateurs interconnectés, à destination de nos différentes parties prenantes : le client final, les distributeurs, les installateurs, la production.

Le premier configurateur, à destination du client final, permet une visualisation en 3D de la fenêtre ou porte-fenêtre, en fonction de ses différentes caractéristiques. Le second est un configurateur business, qui aide le distributeur ou l'installateur à faire ses devis et à passer sa commande, en la transmettant au système de gestion ERP de l'entreprise pour la traduire en ordre de fabrication en usine. Le dernier, notre configurateur chantier, simplifie les relevés des cotes et les prises de notes sur le chantier, par le professionnel.

L'objectif est, à court terme, de disposer d'un système fluide et totalement interconnecté, de la prise de côte sur le chantier, à la production.

En quoi ces configurateurs améliorent-ils les services de CAIB ?

De l'intention d'achat à l'installation finale du produit, le cycle est long. Sa longueur est une caractéristique inhérente à notre modèle de vente, qui passe par des distributeurs.

Or, si nous souhaitons continuer à satisfaire le client final, il nous faut réussir à être aussi pertinents que les nouveaux circuits permis par le digital, souvent plus courts, plus rapides…

Avec ces configurateurs, les relations entre les différents intervenants dans notre circuit, du client à l'installateur, en passant par le distributeur, devront être plus fluides et résoudre les difficultés, et erreurs, qui existent lorsque tout fonctionne par papier ou par mails.

Comment vos distributeurs réagissent à ces nouveautés ?

Il y a deux ans, lorsque nous avons débuté le projet, nous avons été sincères : pour réaliser ce projet accéder au client final allait être nécessaire. Mais notre objectif n'était aucunement de court-circuiter les distributeurs et installateurs. Ils sont nos clients et ils le savent.

De fait, aujourd'hui, les retours sont franchement bons. Par exemple, les spécialistes du négoce BTP référencent de très nombreux produits et sont souvent soumis à un turnover élevé dans leurs équipes. Ils voient donc d'un très bon œil notre choix de leur apporter des outils de simplification et de pédagogie. Récemment, un distributeur m'a dit que notre configurateur « Chantier » était « révolutionnaire ». Je ne sais pas s'il faut aller jusque-là, mais ça fait toujours plaisir à entendre !

D'ailleurs, nous n'hésitons pas à partager, avec nos distributeurs, la data que nous captons désormais. Notre objectif est d'accélérer leur propre transformation digitale.

Cela se voit, entre autres, dans les formations que nous leur délivrons aujourd'hui, qui sont de meilleures qualités, puisque notre premier configurateur nous permet d'en savoir davantage sur le client, et donc d'être plus précis dans nos conseils.

En termes d'investissement, que représentent ces trois configurateurs ?

Cette phase de digitalisation représente un budget de 500 000 euros et plus de deux ans de travail, à mi-temps, pour quatre personnes très qualifiées en interne (développement informatique, marketing produit, chef de projet digital…). Bien sûr, nous étions aussi accompagnés de partenaires externes.

À l'époque, si nous avions su ce que cet objectif de digitalisation allait représenter en termes de temps de travail et de difficultés, nous ne nous serions probablement pas engagés dans la démarche. Nous savions que ça allait être dur, mais peut-être pas aussi dur que cela !

Comment se positionne le Groupe, quel soutien obtenez-vous ?

J'avais présenté, à mon arrivée, le plan 2015-2020 à la direction du Groupe Liébot. Nous avions alors reçu un soutien indispensable, notamment en matière financière. L'objectif, à terme, étant de faire de la digitalisation de CAIB un *input* pour l'ensemble du Groupe et de mutualiser les résultats dans ses différentes entités.

Partie 5

Saisir les opportunités de la data

Tout le monde s'accorde à dire que les données sont parmi les nouveaux actifs stratégiques des entreprises industrielles, et qu'elles leur permettront demain d'assurer leur croissance tout en conservant leur position sur la chaîne de valeur. Les réussites fulgurantes des nouveaux entrants du numérique, dont l'organisation est centrée dès l'origine sur la collecte de données et leur exploitation, viennent confirmer cette vision.

Chez VINCI, par exemple, Julien Villalongue, qui dirige la structure d'innovation Leonard explique : « *La donnée d'usage, c'est un gisement sur lequel nous avons la capacité de créer de la valeur. Quand nous équipons de capteurs le matériel roulant sur nos chantiers, cela permet d'optimiser l'exploitation ou la maintenance. Quand nous cartographions en temps réel les sous-sols pour améliorer la détection des mouvements de terrain, cela facilite le perçage des tunnels. Quand nous analysons les flux de véhicules, nous valorisons les données sur l'usage de nos infrastructures… et on pourrait ainsi multiplier les exemples* ».

Par où attaquer le chantier de la donnée ?

Mais le passage de la vision à l'exécution s'avère souvent complexe. Les sources de données sont multiples et exigent des traitements différenciés. Données clients, données opérationnelles ou données commerciales ne répondent pas aux mêmes logiques ni aux mêmes usages. Elles nécessitent une organisation, des outils et une gouvernance appropriés : « *Il y a l'iceberg, et tout le reste, les process et les outils. Nous nous sommes lancés dans un changement d'ERP, car cet outil est le moteur de notre activité. [...] Il aurait été possible de le faire avec l'outil en place mais pas avec le niveau de service attendu par nos clients* », admet Yoann Le Berrigaud, directeur général de Keria.

Si dans les services, les gisements de données se nichent du côté des utilisateurs, dans l'industrie, ce sont les usines et l'appareil productif qui fournissent les sources principales de données. « *Petit à petit, nous capturons de plus en plus d'informations sur les machines, que ce soit en numérique ou en analogique, pour faciliter la maintenance et nous préparer à l'intelligence artificielle* », raconte ainsi Frédéric Guinot, le président du Groupe Farinia, spécialiste de la transformation des matériaux.

Au passage, la *data science* et l'intelligence artificielle apportent de nouvelles réponses à des problématiques anciennes, comme l'explique Ludovic Donati, le Chief Digital Officer d'Eramet : « *Les secteurs de la métallurgie et de la géologie sont habitués à manipuler des quantités de données très importantes, depuis très longtemps. Par exemple, les fours métallurgiques sont équipés depuis déjà plusieurs dizaines d'années de nombreux capteurs qui récupèrent des informations sur la température et la pression. L'intelligence artificielle nous apporte des réponses à des questions que nous n'arrivions pas à résoudre scientifiquement* ».

Des projets encore souvent réservés aux plus grands industriels...

Cet appétit pour les données, surtout marqué dans les grands groupes industriels pour l'instant, s'accompagne de l'intégration de nouveaux profils dans les organisations. « *De nouvelles fonctions émergent chez Renault : la gouvernance de la donnée en est un bon exemple. Les grands métiers sont l'architecture (enterprise architect, data architect, data modeler...), la sécurité, la data science (data analyst, data scientist), sans oublier les data engineers* », détaille Laurence Houdeville, la Head of Data Gouvernance & Data Strategy du constructeur automobile.

Le recrutement et la formation de profils aptes à traiter les données et à en tirer du sens prennent une dimension stratégique. Ils deviennent une nécessité, alors que les avancées de l'intelligence artificielle, hautement dépendante de la qualité des données à disposition, risquent de rebattre les cartes du paysage industriel.

... et aux startups

Autres acteurs en avance sur le sujet de la donnée : les startups, comme Gemmyo. À l'origine purement e-commerçante, cette marque de bijoux de luxe personnalisés a également ouvert des magasins. Progressivement, elle a su transposer sa capacité de gestion de la donnée en ligne sur l'ensemble de ses canaux, de manière à mieux suivre le client et à lui offrir une expérience de meilleure qualité.

Concrètement, les vendeurs en magasin disposent tous d'un questionnaire qu'ils parcourent au fil de la discussion avec l'acheteur. Ce questionnaire permet alors de remplir un outil de relation client développé entièrement personnalisé : « *Le CRM et la base de données adjointe composent aujourd'hui le deuxième élément constitutif du cœur de valeur de notre marque. [...] Nous sommes, par exemple, les seuls à envoyer un e-mail à nos clients à chaque étape du processus de fabrication, avec des infos sur leur futur bijou. Aujourd'hui, on sait que ce service n'existe pas dans les grandes maisons* », souligne Pauline Laigneau, la directrice générale de Gemmyo.

Jusqu'où partager la donnée ?

Actif stratégique, la donnée devient en outre un enjeu politique, notamment dans les relations commerciales et les partenariats.

Certains se montrent volontiers partageurs, comme Patrice Bondy, directeur général de CAIB : « *Nous n'hésitons pas à partager, avec nos distributeurs, la data que nous captons désormais. Cela se voit, entre autres, dans les formations que nous leur délivrons aujourd'hui, qui sont de meilleure qualité, puisque notre premier configurateur nous permet d'en savoir davantage sur le client, et donc d'être plus précis dans nos conseils* ».

Incitée par le régulateur, la SNCF a fait de l'ouverture de ses données un axe de travail important. « *La SNCF a été l'un des premiers acteurs de la mobilité à éditer des API pour donner accès à nos données* », souligne Benoît Thiers, Chief Digital & Information Officer du transporteur.

Chez d'autres, le partage de la donnée est un sujet plus sensible, car l'enjeu n'est autre que celui de la perte de souveraineté et d'un avantage compétitif… « *Pour créer de la valeur, il faut de la donnée. Pas uniquement quantitative, mais aussi qualitative. Et celui qui a le plus besoin de cette donnée pour offrir le meilleur produit au consommateur, c'est le fabricant. Mais malheureusement, le circuit de distribution traditionnel n'a pas évolué dans son partage de la donnée avec les fabricants...* », regrette Éric Ducournau, le directeur général du Groupe Pierre Fabre.

12. Renault

Laurence Houdeville est Head of Data Gouvernance & Data Strategy au sein du Groupe Renault. Le constructeur automobile a en effet pris conscience de l'importance des données pour son activité, et est déterminé à les mettre à profit pour optimiser aussi bien sa production que son marketing et ses ventes. Elle a répondu à nos questions en avril 2019.

Quel est le rôle du « Head of Data Gouvernance » au sein du Groupe Renault ?

Il s'agit d'une fonction nouvellement créée, dont l'objectif est de considérer les données comme étant un actif stratégique de l'entreprise, d'en assurer la qualité et l'accès sécurisé pour en maximiser la valeur. Concrètement, cela revient à distiller une culture de la donnée au sein d'un groupe qui s'est digitalisé, mais qui n'avait pas encore de politique sur le sujet. Actuellement, nous travaillons sur l'identification d'une vingtaine de cas d'usage, sur toute la chaîne de valeur du Groupe, dans les domaines où l'utilisation de la donnée a une valeur spécifique. Pour chacun d'eux nous identifions les indicateurs de performance opérationnels et financiers.

Pour un groupe industriel, les données sont partout, de la chaîne d'assemblage au service après-vente : comment faites-vous pour coordonner tout cela ?

Effectivement, l'ensemble de nos systèmes d'information génère de la donnée. De plus en plus, les attentes des clients sont intégrées très en amont, à l'ingénierie. La donnée est transversale, elle peut servir différents besoins dans l'entreprise. Les métiers de l'architecture jouent un rôle essentiel. Ils repèrent, d'une part, les « données de référence » désignées par le terme « master data », et d'autre part, construisent progressivement un modèle d'entreprise commun. **Car sans modèle commun, il n'y a pas de langage commun**.

En 2018, l'entrée en vigueur du RGPD a occupé tous les esprits : quel bilan en avez-vous tiré ?

Le Règlement Général sur la Protection des Données a été un formidable accélérateur de la prise de conscience de l'importance de la donnée dans les grandes entreprises. Il a eu de nombreux points positifs notamment sur la nécessité de renseigner et de tracer la donnée. Il reste bien sûr, lourd à mettre en place dans un groupe international de plus de 180 000 collaborateurs. Les impacts financiers sont non négligeables.

Et chez Renault, comment l'avez-vous appliqué ?

Nous avons répertorié et classé, par domaine métier, les données personnelles. Un gros travail de définition des finalités et des durées de rétention est mené par tous les acteurs de la data du Groupe. En parallèle, les chantiers concernant le PIA (Privacy Impact Assessment), la mise en place d'un Registre, les réflexions sur la portabilité des données et leur mise en œuvre, la rédaction d'une charte d'utilisation des données personnelles pour les employés, la nomination d'un DPO (Data Protection Officier), la révision des contrats avec nos fournisseurs ou encore le déploiement d'un processus autour de la violation des données, ont été lancés par la direction juridique.

Notre objectif est d'être dans une logique de protection de la vie privée activée par défaut. Tout projet démarre par une analyse des données manipulées. Les fonctionnalités à implémenter sont identifiées très en amont. Elles prennent en compte les exigences du règlement en matière de consentement préalable. Dans cette logique de *Privacy by Design*, nous sommes naturellement en posture de responsabilité par rapport à l'ensemble de nos parties prenantes.

Les données personnelles sont nombreuses et de natures différentes. Savez-vous par exemple que le VIN, le numéro d'identification du véhicule inscrit sur le certificat d'immatriculation, est une donnée personnelle ? Cela donne un aperçu de la complexité et du volume de traitements à effectuer sur les données.

Le véhicule connecté et autonome va faire naître de nouvelles questions sur ces sujets : comment vous y préparez-vous ?

La première étape est le véhicule électrique et connecté, avant le véhicule autonome. Sur les véhicules thermiques, Renault a toujours été très attentif et précautionneux en ce qui concerne les données personnelles. La plupart des données restent à l'intérieur du véhicule et ne servent que les besoins du conducteur en matière notamment de sécurité. Des réflexions sont en cours au niveau de l'Alliance et avec nos partenaires sur le partage de données. Le respect du règlement général sur la protection des données ou de la directive e-Privacy sont au cœur des débats. Nous prenons en compte les droits d'accès, de rectification ou d'opposition que les personnes pourront exercer et nous nous organisons pour y répondre dans les délais imposés.

Les données sont aussi clés au sein de vos usines : comment vous organisez-vous pour les exploiter ?

La donnée est au cœur de l'ensemble des technologies de l'industrie 4.0. **L'intelligence artificielle est entrée dans l'usine et**

nous permet un vaste champ d'optimisations. Le pôle des *data scientists* de Renault Digital explore et travaille à partir de données conservées notamment dans le *data lake* du Groupe. De nouvelles fonctions émergent chez Renault : la gouvernance de la donnée en est un bon exemple. Les grands métiers sont la connaissance de la donnée (*data provider* et *data steward*), l'architecture (*information architect*, *transversal solution architect*), la sécurité, la *data science* (*data analyst*, *data scientist*), sans oublier les *data engineers* qui ont une responsabilité forte en matière de qualité et de mise en conformité des données issues de sources variées.

Comment faites-vous pour attirer et former ces nouveaux profils ?

La connaissance fine des données d'un métier est complexe. C'est pour cela que nous privilégions des évolutions internes. En parallèle, il nous faut aussi attirer des nouveaux talents, et c'est le sens de la création de l'entité Renault Digital. Le recrutement et la rétention des talents sont l'enjeu de tous les groupes aujourd'hui. Pour attirer ce type de profils, il faut avoir des données, et que ces données soient massives et exploitables. L'aspect innovation est aussi un levier. Dans le domaine de l'automobile, nous ne sommes pas trop mal lotis !

Data lake (Lac de données)

Le data lake désigne l'espace de stockage qui regroupe plusieurs types de données brutes de l'entreprise, permettant ensuite de les exploiter sous différentes formes.

Data steward

C'est le responsable dans un projet de gouvernance des données : son rôle est de mettre en place une cartographie adéquate des données et d'assurer leur bonne gestion.

13. Eramet

Depuis janvier 2017, Ludovic Donati est le Chief Digital Officer d'Eramet, groupe qu'il a rejoint en 2011, en tant qu'ingénieur de recherche. Il pilote la transformation numérique de ce groupe minier et métallurgique français, dont l'origine remonte à 1880, avec la création de La Société Le Nickel (SLN). Aujourd'hui, Eramet est un des principaux producteurs mondiaux de manganèse et de nickel, de sables minéralisés, de pièces et demi-produits en alliages et d'aciers spéciaux à hautes performances utilisés par des industries telles que l'aéronautique, la production d'énergie et les outillages. En 2018, le Groupe employait environ 12 600 personnes dans vingt pays.

Quelles sont les différentes activités du Groupe ?

Eramet est un groupe minier et métallurgique français, coté à la Bourse de Paris. Nous sommes le seul en France à avoir complètement intégré toute la chaîne de valeur des métaux, depuis l'extraction minière jusqu'à la production de pièces pour l'aéronautique et le recyclage.

Nous comptons deux grandes divisions. La première, « Mines et Métaux », comprend toutes nos activités minières et de première transformation du minerai, avec des sites en Nouvelle-Calédonie, au Gabon, au Sénégal, en Norvège et aux USA. La seconde, les alliages haute performance, comprend des usines en France et en Suède, où nous élaborons des alliages pour différents marchés, tels que l'aéronautique, la défense, le nucléaire, etc.

Dans la division « Mines et Métaux », nous avons plusieurs *business unit*, dont une dédiée au nickel, qui opère principalement en Nouvelle-Calédonie : *via* la SLN, nous sommes les premiers employeurs privés de l'île. Une autre, Comilog, est dédiée au manganèse, avec un site d'extraction au Gabon, en pleine forêt équatoriale ; nous sommes la SNCF locale, puisque nous sommes l'opérateur ferroviaire pour transporter le minerai jusqu'au port. Il y a aussi une *business unit* « sables minéralisés », avec un gisement au Sénégal, dont nous extrayons du titane et du zircon. Enfin, une dernière activité, plus naissante, est dédiée à l'extraction du lithium.

Tout cela est bien éloigné du numérique : le risque d'être « disrupté » par de nouveaux entrants ou des changements structurels est donc bien loin de vos préoccupations, non ?

Oui, sauf que toutes ces matières premières sont indispensables dans le cadre de la transition écologique et de la transition numérique... Même si ce n'est pas le sujet qui apparaît le plus prioritaire dans l'immédiat, **il faut vraiment que nous nous posions la question de la transformation de nos business models et des services que nous allons devoir proposer pour ne pas nous faire disrupter.**

Des entreprises comme Tesla se lancent dans la production de batteries et de panneaux solaires : pourquoi n'iraient-elles pas jusqu'à l'extraction des matières premières ? Google sait très bien manier les données de cartographies : quelles implications cela pourrait-il avoir pour les données minières ? Il faut que nous arrivions à apporter une valeur ajoutée à nos clients, qui fait que nous resterons toujours plus efficaces qu'une alliance des géants du numérique entre eux.

Y a-t-il eu un événement déclencheur qui a incité Eramet à s'intéresser au numérique ?

L'industrie des matières premières, et en particulier celle des métaux, a connu une crise très profonde entre 2014 et fin 2016 : nous l'avons subie de plein fouet : les prix des métaux se sont complètement effondrés. Nous avons fait le constat qu'il ne fallait plus jamais qu'une telle situation se produise, et qu'il fallait donc trouver de nouveaux leviers de performance. Or, **le levier qui va nous permettre d'optimiser notre production, c'est le digital**. À partir de là, nous avons regardé ce que faisaient les autres industriels et en quoi cela pouvait nous inspirer pour améliorer nos opérations, mais aussi nous rapprocher de nos clients et de nos collaborateurs.

L'une des premières questions que nous nous sommes posée était de savoir comment mettre en place une transformation digitale quand on est au milieu de la Nouvelle-Calédonie, et pas à Paris, avec tous les buzzwords de la *data science*, de l'IA, du *cloud*… La seconde question a été comment intégrer du digital dans une entreprise qui a des process et des métiers très anciens, comme la métallurgie et les hauts fourneaux.

Quels sont les grands axes de la transformation numérique en cours au sein du Groupe ?

Nous avons consacré dix-huit mois à construire notre vision, autour de trois axes. Le premier est de connecter la chaîne d'approvisionnement de nos minerais de la géologie à l'économie, en assurant une continuité de l'extraction minière jusqu'au client et en l'optimisant en fonction du prix des métaux. Le deuxième est d'optimiser nos procédés par le Big Data et l'intelligence artificielle. Le troisième est d'assurer la traçabilité et la qualité de nos produits, depuis leur élaboration jusqu'à leur livraison au client.

Avez-vous déjà des exemples concrets de cette transformation, des projets ou des réalisations ?

Dès le second semestre 2017, nous avons lancé la démarche classique des *Proof Of Concept* (POC), avec un appel à projets. Nous avons également mené des ateliers au 1er semestre 2018 où nous avons mobilisé tous les métiers de l'entreprise : de nombreuses idées en sont ressorties, plus de 300. Ensuite nous les avons qualifiées avec les différents comités de direction des filiales du Groupe, pour mettre en place des feuilles de route. Les POC, c'est bien, mais il faut aussi fixer un cap.

Parmi les nombreuses idées qui se sont déjà concrétisées, nous avons travaillé au Gabon avec une startup, pour permettre un meilleur remplissage des trains et augmenter les fréquences de rotation, grâce à une application et quelques bornes wifi. Ce projet nous a coûté quelques dizaines de milliers d'euros là où il y a quelques années, nous aurions plutôt pensé à acheter une locomotive et une centaine de wagons supplémentaires.

Autre exemple : en Nouvelle-Calédonie, nous commençons à utiliser des drones pour effectuer des relevés topographiques. Ils nous permettent de récupérer des données pour les intégrer dans une plateforme numérique collaborative qui doit servir aux géologues, aux mineurs et à l'exploitant pour optimiser la production en temps réel, en fonction des conditions du marché. En fonction du prix de vente des minerais, il devient possible d'évaluer si le coût de l'extraction est justifié.

Quels sont les freins que vous rencontrez, en particulier pour passer du POC à la phase d'industrialisation ?

La notion de vitesse est importante… Si on regarde le sujet de la maintenance prédictive, qui est commun à de nombreux industriels, il est aujourd'hui assez facile de mener des projets avec des startups qui proposent des capteurs pour récupérer des données. On va les installer sur une pompe, puis deux, puis trois… mais ça prend un temps infini pour les déployer partout.

Donc dans certains cas, il ne faut pas hésiter à réaliser des partenariats avec des industriels dont c'est le métier, parce que l'industrialisation avec une startup, ce n'est pas évident. Si vous voulez aller chercher toute la valeur du digital, cela passe par la capacité à déployer à grande échelle.

La maîtrise de la donnée semble être un ingrédient clé de la transformation en cours : quelles sont vos actions dans ce domaine ?

Les secteurs de la métallurgie et de la géologie sont habitués à manipuler des quantités de données très importantes, depuis très longtemps. Par exemple, les fours métallurgiques sont équipés depuis déjà plusieurs dizaines d'années de nombreux capteurs qui récupèrent des informations sur la température et la pression. Au fil du temps, cette base de données est devenue très conséquente.

Nous avons aussi des métallurgistes de très bon niveau : en les associant avec des *data scientists*, nous pouvons optimiser nos procédés et mettre en place des algorithmes de recommandation très précis pour les opérateurs des fours, par exemple sur les quantités de minerai à utiliser ou la température du four, en fonction des conditions du jour. **L'intelligence artificielle nous apporte des réponses à des questions que nous n'arrivions pas à résoudre scientifiquement**, pour nous permettre d'être les plus efficaces possible dans la production.

Un autre de vos sujets est la gestion des compétences : comment faites-vous pour accompagner vos collaborateurs dans ce mouvement de transformation ?

Il y a le niveau *bottom up*, en allant à la rencontre des opérationnels et en utilisant des méthodes comme le *Design Thinking*. Cela permet de faire remonter les usages, avant de penser aux solutions, et de concevoir des outils qui correspondent vraiment aux besoins : cela fonctionne plutôt pas mal.

Il faut aussi être *top down* et se dire qu'on n'a pas le choix, il faut changer, se transformer. C'est une réflexion que nous menons avec les RH. Nous lançons ainsi une acculturation globale au numérique : nous ne pouvons pas demander aux gens de penser « digital » et « data » si on ne leur a jamais présenté ce que ça signifie.

Certaines tâches vont être automatisées, ce qui peut faire peur, alors qu'il y a aussi des aspects positifs : pour un ingénieur, au lieu de passer 80 % du temps sur de la collecte de données, l'automatisation va permettre de se concentrer sur la réflexion et la prise de décision ; pour un ouvrier, elle peut permettre de réduire la pénibilité et les risques. Il faut donc démystifier certains concepts, car on peut vraiment faire peur en imaginant des usines complètement robotisées et pilotées par l'intelligence artificielle, alors que ce n'est pas du tout notre vision.

Le management intermédiaire doit être accompagné sur ces questions, tout en ayant en parallèle une réflexion sur l'évolution des métiers et des compétences dans les 5 prochaines années. Par exemple, demain, un géologue qui manipule aujourd'hui énormément de données ne devra-t-il pas être, aussi, un *data scientist* ?

Votre parcours est assez éloigné du digital, puisque vous avez débuté en tant qu'ingénieur de recherche : pour mener ce type de transformation, vaut-il mieux avoir fait tout son parcours dans l'entreprise ou au contraire arriver avec un regard neuf ?

Je ne suis pas du tout de base informaticien ou spécialiste du digital, mais comme je connais l'entreprise, je sais ce qui m'a dérangé dans mes précédentes fonctions. Et en étant passé par la direction de la stratégie et les relations avec les investisseurs, j'ai eu une vision globale de l'entreprise. Cela m'est très utile aujourd'hui, puisque mon rôle est d'être un support pour les différents métiers du Groupe, afin de les aider à repenser les usages pour être plus efficaces. D'ailleurs, c'est parce que la transformation digitale a été jugée comme stratégique pour le Groupe que j'ai commencé à m'y intéresser, avant la création d'une direction dédiée.

Quelle est la principale difficulté de votre poste ?

Cette transformation prend du temps, elle crée un choc culturel. Il faut rapidement obtenir les premiers succès. Pour y parvenir, il faut arriver à trouver les bonnes personnes qui ont envie de mener des tests. En Auvergne, dans une de nos usines, un chef d'atelier nous a dit qu'il souhaitait digitaliser les tableaux blancs qui lui servaient à visualiser les performances de l'équipe. Nous avons travaillé ensemble sur ce que signifiait cette « digitalisation » : ça ne veut pas dire uniquement de remplacer le tableau blanc par un écran tactile, mais c'est de pouvoir avoir des données en provenance de toute l'usine, qui se mettent à jour en temps réel.

Le changement a été adopté par tous, alors que si nous étions arrivés, nous, en disant qu'on allait supprimer le tableau blanc, ça n'aurait pas fonctionné. Là, nous avons abordé le sujet en nous appuyant sur les gens qui avaient envie et étaient prêts à le faire. Encore une fois, c'est un savant mélange entre le *top down* et le *bottom up*, puisqu'il faut aussi, à un moment donné, avoir une impulsion forte du comité exécutif, jusqu'au P.-D.G.

Envisagez-vous le développement de nouveaux services grâce au digital ?

Nous sommes dans un secteur où les clients sont assez loin de nous, en particulier quand on extrait du minerai. Mais avec les alliages haute performance et les aciers rapides, nous sommes très proches de nos gros clients, comme Airbus ou Boeing, qui souhaitent optimiser au maximum leur chaîne d'approvisionnement.

Dans la Division Alliages Haute Performance, nous traitons aussi avec une multitude d'ETI et de PME, et pourtant, nous ne vendons pas en ligne... Nous sommes en train de réfléchir à ce que nous pouvons apporter en matière de connaissance des stocks et de suivi de commande. Face à nous, nous avons des gens qui sont habitués à utiliser Amazon dans leur vie quotidienne : il n'y a pas de raison que nous ne nous mettions pas au niveau, mais cela implique beaucoup de changements au sein de notre organisation.

Quels conseils donneriez-vous à un dirigeant qui souhaite opérer une transformation numérique ?

La transformation doit être guidée par les usages, pas par la technologie. Il faut garder en tête que le digital n'est pas une fin en soi, mais un levier, destiné à apporter des gains et un retour sur investissement. On ne fait pas du digital pour le plaisir, mais parce qu'il représente un intérêt très fort en termes de productivité et de réduction des coûts. C'est cela qui nous guide.

Bottom up (du bas vers le haut)

Stratégie/plan élaboré(e) en s'inspirant des résultats obtenus sur le terrain. Souvent utilisé dans un processus participatif pour laisser la possibilité aux salariés de prendre des décisions.

POC (Proof Of Concept)

Aussi qualifié de pilote, le POC est une application à petite échelle d'une idée, d'une technologie ou d'une solution, destinée à la tester avant de la déployer éventuellement à plus grande échelle.

Top down (du haut vers le bas)

Stratégie/ plan décidé(e) au plus au niveau hiérarchique et appliqué ensuite par l'ensemble de l'entreprise.

Partie 6

Insuffler une nouvelle culture de l'innovation

Que ce soit dans les domaines de la donnée, de l'expérience client ou des services, la digitalisation impose aux groupes industriels de revoir leur culture de l'innovation, pour s'adapter au rythme et aux spécificités du digital. Il s'agit d'un enjeu de compétitivité, mais aussi d'une problématique managériale et de recrutement : pour continuer à attirer les talents, les entreprises industrielles doivent leur fournir un cadre propice à leur développement, alors que startups et *pure players* se montrent parfois plus séduisants.

La dure logique du « bon du premier coup »

La situation est résumée par Olivier Croix, membre du directoire du Groupe Kerpro : « *Le véritable frein à notre transformation n'est pas l'âge, mais la mentalité. Il faut accepter d'avancer dans un territoire inconnu, accepter de dire que la sacro-sainte vérité autour du business plan à dix ans n'existe plus. Au-delà de deux ans, en vérité, on ne sait plus !* ».

Patrice Cochin, VP Digital Transformation & Consumer Experience chez Michelin, complète : « *La culture du digital et celle d'une entreprise industrielle sont complémentaires mais aussi très différentes.*

Dans l'industrie, c'est la logique du BPC qui prime : le produit doit être "bon du premier coup". Le pneu est un produit sécuritaire, il est impossible de faire des compromis et le produit fini est aussi le produit final. Alors que dans le digital, on adopte des logiques agiles, dans lesquelles on intègre le client et on fonctionne de façon incrémentale ».

Investir pour une nouvelle culture

Pour faire émerger une culture de l'innovation plus flexible, de nouveaux processus sont progressivement déployés - *Design Thinking*, méthodes agiles, idéation -, afin de mobiliser toutes les énergies de l'entreprise, au-delà des traditionnelles cellules R&D. Dans ce processus, les freins à lever sont nombreux, mais à en croire Frédéric Guinot, le P.-D.G. du Groupe Farinia : « *La limite n'est pas tellement l'argent, c'est plutôt d'avoir des idées* ».

Cette dimension culturelle est aussi soulignée par Benoît Tiers, directeur général de e.SNCF : « *Il faut se laisser la possibilité de changer les façons de penser. Le sujet n'est pas de désapprendre, au contraire, il faut savoir tirer parti de sa propre expérience pour acquérir de nouvelles connaissances, mais il faut aussi se laisser porter et penser différemment de ce qu'on a appris. Et ce, au niveau du management comme des ingénieurs* ».

Chez le logisticien Idea, Bruno Hug de Larauze, le président du Groupe explique comment il a poussé ses équipes à oser, jusqu'à créer « un vrai bazar », dans l'objectif de mieux apprendre ! « *Le premier objectif est d'améliorer la capacité à mieux réfléchir ensemble. C'est une chose très compliquée, surtout lorsqu'il faut faire travailler plusieurs générations ensemble* ». Et d'ajouter : « *En investissant 7 millions dans notre transformation, nous avons des échecs et des réussites mais, au moins, nous avons gagné une chose essentielle : la culture du risque* ».

Une instabilité qui peut aussi représenter un coût humain significatif. En pleine période de transition, Decayeux perdait ainsi un tiers de ses collaborateurs... Un passage douloureux, mais finalement bénéfique : « *Cela a eu pour avantage d'aligner l'ensemble des collaborateurs en termes d'ambition pour le Groupe* », explique le directeur général du Groupe, Stéphane Decayeux.

Des logiques d'innovations plus ouvertes sur l'extérieur

À l'heure du client, l'innovation se doit aussi d'intégrer les usagers très en amont dans la réflexion. « *Nous sommes dans une course de vitesse. Si nous n'intégrons pas le consommateur dans la conception du produit, sa survie est en jeu* », estime ainsi Éric Ducournau, le directeur général du Groupe Pierre Fabre.

Partout, l'innovation devient donc plus ouverte et intègre de nouvelles parties prenantes. C'est dans cet esprit que VINCI, le géant du BTP, a ouvert sa structure Leonard, associant prospective, rencontres et accompagnement de projets entrepreneuriaux : « *Nous considérons qu'il y a bien plus de valeur à être dans l'ouverture que de se refermer sur nos propres convictions* » explique Julien Villalongue, le directeur de Léonard.

Denis Marchant, le directeur général de l'entreprise textile UTT suit, à son échelle, cette logique. Il a tenu à développer des liens avec des startups éloignées de son cœur de métier, jusqu'à en créer certaines et ouvrir un incubateur. Résultat : « *En manageant des activités aussi variées que celles que nous avons, cela nous permet d'aller chercher le meilleur de la culture du digital, comme l'agilité, la remise en question permanente, l'ouverture. Ce n'est pas un hasard si, un jour, vous avez un ingénieur qui vient vous proposer une idée, qui devient ensuite un projet intrapreneurial. S'il arrive avec un tel projet, c'est parce que nous avons laissé la porte ouverte à ce genre d'initiatives et qu'ils ont l'esprit ouvert* ».

14. Farinia

Au fil des années, Frédéric Guinot a mené le rachat de forges, de fonderies et d'usines d'assemblages à travers la France. D'Andrézieux-Bouthéon (Loire) à Pont-sous-Gallardon (Eure-et-Loire) en passant par Les Hautes Rivières (Ardennes) ou Soudan (Loire-Atlantique), son groupe fabrique des composants pour une grande variété d'industries. Il explore aujourd'hui de nouveaux domaines, tels que la fabrication additive, tout en menant la transformation de son cœur de métier.

En quoi le numérique transforme-t-il vos métiers ?

Nous menons une démarche 4.0 dans toutes nos usines : nous essayons les innovations qui nous passent par la main, les vêtements connectés, les lunettes de réalité augmentée, ou des vêtements chauffants pour réduire les coûts électriques… Petit à petit, nous capturons de plus en plus d'informations sur les machines, que ce soit en numérique ou en analogique, pour faciliter la maintenance et nous préparer à l'intelligence artificielle. Chez Peugeot Japy, à Valentigney, dans le Doubs, nous avons ainsi tagué 350 machines-outils en deux semaines pour collecter de l'information grâce à l'application Mobility Work, une plateforme de maintenance nouvelle génération.

Nous accélérons sur tous ces sujets : en captant l'information et en automatisant, nous pouvons apprendre à l'homme ou à la machine, et souvent aux deux en même temps, comment faire ce qu'il y a de mieux. Aujourd'hui, notre seul frein est notre capacité à recruter.

Comment faites-vous pour insuffler cet esprit d'innovation ?

Ce sont des choses simples, comme le droit accordé à chaque société du Groupe de dépenser 300 000 € par an sans me demander mon avis, en plus des 10 à 12 % du chiffre d'affaires consacrés à l'innovation chaque année. C'est pour eux la liberté d'essayer des choses. Mais **finalement, la limite n'est pas tellement l'argent, c'est plutôt d'avoir des idées...** Il n'y a pas vraiment de recette magique : la clé, c'est d'engager les gens, de les former beaucoup, et de leur donner une mission qui les concerne, eux, personnellement.

Le digital est-il aussi une opportunité pour aller sur de nouveaux marchés ?

Avec notre filiale Spartacus, nous nous sommes attaqués au marché de l'impression 3D, ou fabrication additive. Nous avons commencé par acheter une machine, puis une deuxième, et ainsi de suite. Le marché se développe lentement mais sûrement, mais le problème de cette technologie, c'est que les gens dans les bureaux d'étude ne savent pas comment l'utiliser.

Face à la pénurie de profils qualifiés, comment faites-vous ?

Nous avons créé la Next Academy, à Mâcon : une école qui va s'appuyer sur Spartacus. L'ambition est de former 1 000 techniciens et ingénieurs par an à ces technologies, car aujourd'hui, les gens dans les bureaux d'études ne savent pas comment faire. Quand vous vous appelez Dassault Systèmes, recruter un centralien est relativement simple. Mais pour des entreprises comme les nôtres, c'est mission impossible. Nous sommes obligés de former les gens.

Vous avez constitué le Groupe par acquisitions successives : quelle est votre méthode ?

L'idée principale, c'est d'avoir un groupe de sociétés de petite taille, extrêmement réactives, avec un intéressement aux résultats tous les trimestres. Peugeot Japy Technologies, que nous avons racheté à la barre du tribunal en 2018 est un bon exemple : l'entreprise appartenait à un grand groupe européen qui l'a vidé de son savoir-faire… Avec l'assistance de vingt personnes issues des différentes sociétés du Groupe, nous avons repris en main les finances, les achats, l'informatique, la maintenance et la relation client. En six mois, ils ont pu voler de leurs propres ailes. Cela s'accompagne d'un plan massif de formation, de deux millions d'euros sur deux ans, qui était une condition suspensive de la reprise de la société. L'important, c'est que l'entreprise reprenne rapidement confiance. **Le mot d'ordre du Groupe Farinia, c'est d'aider les gens à réussir, plutôt que de leur donner des leçons.**

Fabrication additive

Il s'agit de l'impression 3D appliqué au monde industriel : c'est un procédé qui permet de concevoir des pièces par ajout successif de couches de matières, le tout assisté par un ordinateur, selon un modèle 3D.

15. Idea

Bruno Hug de Larauze est président d'Idea Groupe, spécialiste des solutions logistiques sur-mesure pour les industriels, opérant dans cinq domaines d'activité : logistique, logistique vrac, transport industriel, shipping et emballage. Le Groupe, tout juste centenaire, compte 13 000 collaborateurs répartis sur 54 sites, pour un chiffre d'affaires total de 135 millions d'euros. Particularité : la holding d'Idea est une société coopérative et participative (SCOP) dotée d'un actionnariat indépendant et incessible.

En 2016, à l'occasion des 100 ans du Groupe, vous affichiez clairement la volonté de devenir un « logisticien 4.0 ». Qu'est-ce que cela signifie ?

Derrière cette notion de 4.0, pour nous, se cachent les objectifs d'une complète traçabilité, d'une bonne prédictivité, d'une meilleure flexibilité et la capacité de donner une information numérique au même niveau que l'information physique. La visée, in fine, est bien sûr d'opérer des gains de productivité techniques.

Quand je dis ça, je ne parle quasiment que d'éléments techniques. Or, je suis sincèrement convaincu que la solution ne se trouve pas directement dans la maîtrise industrielle, mais plutôt dans l'environnement que l'on crée et dans notre capacité à intégrer les révolutions environnementales et sociales. Le sujet est donc complexe et il fallait bien que, un jour ou l'autre, nous l'attaquions.

Pourquoi cette volonté de faire évoluer votre entreprise ?

Je suis à la direction d'Idea depuis maintenant vingt-deux ans. Au début de ma prise de fonction, une phrase de Martin Vial, alors directeur général de La Poste m'avait beaucoup marquée : il disait que l'important, pour ne pas tomber, était de comprendre que son entreprise était mortelle. **La question de fond est là : avons-nous l'impression d'être dans une entreprise mortelle ?** Si on ne le pense pas, je pense que ça ne marche pas.

Eh bien, en 2016, et même un petit peu avant, c'est ce qui s'est passé pour nous. Très clairement, à chaque fois que nous sortions la tête du quotidien, nous réalisions que l'écart se creusait entre la France et le reste du monde, dont la Chine. Donc on s'est dit que nous devions être les prochains à bouger, et c'est ce que nous faisons depuis...

Comment s'est opérée cette mise en mouvement au sein du Groupe Idea ?

Tous les cinq ans, nous présentons un nouveau Business Plan. À chaque fois, nous partons avec la conviction que 50 % de l'activité sera morte d'ici cinq ou dix ans. Il faut donc repartir de zéro et essayer d'être créatifs. Mais, malgré cette conviction, pendant quinze ans, nos Business Plan sont restés assez classiques, puisque validés par le Comex, un organe de direction très rapproché.

Pour le plan qui débutait en 2016, les choses étaient différentes. Nous avions beaucoup voyagé et compris que les besoins de nos clients allaient évoluer avec la technologie. Surtout, je ne disposais plus d'un COMEX très resserré et, il faut le dire assez vieillissant, comme par le passé, mais j'avais un CoDir beaucoup plus large, puisque constitué de vingt-deux personnes. Le moment était venu d'avoir un peu d'audace. Ce qui, avec un peu de recul, a finalement été le cas puisque nous avons, depuis, cassé l'organisation du Groupe, en passant d'une organisation par métier à une organisation par marché.

Concrètement, comment vous êtes-vous organisés pour répondre à ce besoin « d'audace » ?

Nous savions que nous voulions faire beaucoup de choses, mais il nous manquait l'essentiel : sur quoi devions-nous investir en priorité ?

Nous nous sommes dit que les membres du Codir devaient être les coordinateurs de ces choix d'investissement. Comme point de départ, nous avons donc demandé à chacun de ses membres de faire un BMC (Business Model Canvas) sur les innovations de rupture et les innovations incrémentales dans leur secteur. Nous avons mis des ressources à leur disposition et organisé des formations. De ce processus, nous voulions faire émerger un maximum de projets.

Problème : les premiers projets présentés étaient encore très dépendants de notre activité d'alors, ils manquaient de créativité. Surtout, le montant total des investissements requis était de 300 000 €. C'était rien du tout !

Donc on est reparti pour un second tour, en les accompagnant mieux, avec davantage de ressources, de temps, d'ateliers de *Design Thinking*, de prototypage etc. Et ils se sont lâchés. Au final, treize projets ont émergé pour une note qui s'élevait à 6,50 M€. Une somme importante pour nous, mais réaliste dans la mesure où notre ambition était forte. Nous avons décidé de tous les accepter, de ne pas nous limiter.

Où en êtes-vous aujourd'hui ?

Sur les treize projets, huit sont actuellement en exécution. Nous avons fait beaucoup d'investissements en interne comme en externe, avec des prises de position dans des startup, la création d'un Open Lab, la naissance de nouveaux business models, la création d'une cellule innovation, l'investissement dans des incubateurs… J'insiste d'ailleurs sur le fait que les investissements n'ont pas été effectués qu'en externe, mais aussi en interne, pour éviter les jalousies.

Mais ces projets n'étaient que des points de départ, une manière de libérer les choses, de faire comprendre aux gens qu'ils avaient le droit d'innover. Quelques mois plus tard, nous allions beaucoup plus loin en sollicitant d'autres idées, cette fois de la part de l'ensemble de l'entreprise. Nous n'avons pas été déçus, puisque 420 idées ont été proposées. Les gens se sont donnés à fond, parfois trop.

À un moment donné, nous avions franchement créé un vrai bazar ! Nous avions par exemple des idées qui fonctionnaient très bien dans les salons, qui attiraient les gens, mais une fois mises face à la réalité business, il n'y avait plus rien ! Dans d'autres cas, nous avons dû intervenir car des personnes étaient complètement crevées. **Le changement demande beaucoup d'énergie.**

Il reste que, nous avons aussi beaucoup appris. Nous avons fait avancer des projets dont certains devraient être les sources de notre réussite demain. Et comme, parfois, l'audace vient avec un peu de chance, il s'avère que nous avons fait d'excellents résultats financiers sur toute la période,

Quels sont, plus de trois ans après, les sujets qui continuent à vous occuper ?

Si je devais prendre du recul, je dirais que le premier objectif est d'améliorer la capacité à faire du collaboratif efficient, en d'autres termes à mieux réfléchir ensemble. C'est une chose très compliquée, surtout lorsqu'il faut confronter une volonté de faire du travail de manière collaborative aux contraintes du réel, dont la première est de faire travailler plusieurs générations ensemble. Le deuxième sujet qui nous occupe est la nécessité de rester agile, tout en étant robuste, l'une des qualités de notre métier.

Qu'est-ce qui vous permettra d'y répondre ?

Je pense qu'on ne peut pas détacher une évolution technique ou une évolution de business model du monde dans lequel nous vivons et, notamment, des prises de conscience environnementales et sociales actuelles.

C'est un sujet de cohérence générale. Je ne vois pas, par exemple, comment on peut faire du collaboratif sans avoir une vraie culture d'entreprise, sans que chacun sache pour quoi il travaille. Chez nous, cela commence par notre travail sur notre raison d'être. Aujourd'hui, elle n'est pas incarnée par tous. Travailler dessus est donc actuellement une priorité pour nous puisqu'elle déterminera notre capacité à résoudre les deux enjeux dont nous parlions.

Vous disiez tout à l'heure que la somme totale à investir pour vous s'élevait à 6,50 M€. Beaucoup de dirigeants se plaignent de la frilosité des banques à financer les investissements digitaux. En plus de votre présidence de Idea, vous êtes également président du Comité d'audit de la Banque Populaire. Qu'en pensez-vous ?

Disons que l'immobilier, je demande à la banque de le financer, le digital, c'est moi ! Pour ce type d'investissement, il est clair qu'il faut payer en cash, sinon on ne peut pas y arriver.

Alors effectivement, la somme peut paraître élevée. Mais investir dans cette innovation est un choix qui, pour nous, représente par exemple l'argent que nous aurions mis pour un nouvel entrepôt.

Certains vous expliqueront que l'investissement dans un nouvel entrepôt peut paraître plus sûr…

Peut-être, parce qu'ils imaginent qu'investir dans un entrepôt comporte moins de risque de tout perdre que d'investir dans la transformation de son entreprise. Je n'ai pas forcément le même avis puisqu'en investissant sept millions dans notre transformation, nous avons des échecs et des réussites mais, au moins, nous avons gagné une chose essentielle : la culture du risque.

Vous avez beaucoup parlé de collaboratif. Vous êtes également président du Club des Trente, un autre niveau de collaboration…

Oui, je crois beaucoup dans l'alliance et dans la collaboration, à tous les niveaux. L'important est de chercher le discriminant, mais à partir de là, tout est possible. Prenez par exemple Amazon qui fait trembler beaucoup de monde. Cela ne m'étonnerait pas du tout que, un jour, des entreprises s'allient pour créer une réponse pertinente…

Vous avez confiance dans l'avenir de l'industrie française ?

Entièrement ! Certes, plus j'avance, moins j'ai de certitudes. Mais je **ne partage absolument pas l'avis de ceux qui disent que l'industrie française n'a pas les capacités d'adaptation nécessaires. C'est faux !**

Design Thinking

Approche de l'innovation dont les méthodologies sont inspirées de l'anthropologie et centrées sur l'humain et ses interactions avec son environnement.

16. UTT

Denis Marchant est le dirigeant d'UTT (Union Textile de Tourcoing), entreprise familiale dont il a pris la tête avec son cousin Gregory Marchant au début des années 2000. Cette PME, dont l'origine remonte à 1869, a su évoluer face aux transformations du marché du textile, jusqu'à mener des diversifications dans les médias et le digital.

Quelle est l'histoire de votre PME et quels sont ses différents métiers à l'heure actuelle ?

UTT est une entreprise qui appartenait à ma famille, et dont j'étais un petit actionnaire. La reprendre avec mon cousin était une forme de continuité : la famille nous a fait confiance, avec la mise en place d'un plan de reprise progressive au cours des années 2000. Son histoire remonte à 1869, avec la création d'une maison de négoce de laine par des ascendants de ma famille : ils achetaient de la laine aux quatre coins de la planète, la stockaient et la revendaient à l'ensemble de la filière. De 1869 à aujourd'hui, nos métiers ont connu des évolutions énormes.

En parallèle, la famille a aussi créé de nombreuses entreprises, au-delà du textile, en partant des savoir-faire et du travail de recherche mené dans ce domaine. Nous avons trois activités principales : le textile traditionnel, le textile technique, et le digital. Ces trois activités se développent, de façon totalement autonome, même s'il y a des passerelles. Chacune a une organisation et ses propres dirigeants. Le fil traditionnel concerne 130 personnes, le textile technique, une trentaine, et le digital, 25 personnes début 2019, mais ce chiffre est monté jusqu'à 120, avant la vente du groupe de médias en ligne Cerise (Gentside, OhMyMag...), à Prisma en 2016.

Comment faites-vous pour maintenir votre activité dans le domaine du textile traditionnel, hautement concurrentiel et délocalisé ?

C'est un métier très traditionnel : nous sommes filateurs et teinturiers. Nous transformons des fibres de matière première, pour en faire des fils qui sont vendus à d'autres industriels, tisseurs ou tricoteurs. Dans ce domaine, nous faisons figure de village gaulois qui résiste à la concurrence internationale, et ce, grâce à l'innovation. Celle-ci porte aussi bien sur les procédés de fabrication que les produits, elle passe par l'informatisation de la production et la robotique. Mais dans le textile traditionnel, nous pouvons au mieux maintenir un niveau d'activité, en aucun cas le développer. C'est un marché en décroissance, parce que les achats textiles diminuent : ils sont remplacés par l'iPhone, Netflix, etc. En plus de ce contexte de consommation textile en baisse, la part de produits importés augmente fortement : avec des plateformes comme Amazon ou Wish, les produits arrivent directement des grossistes chinois, sans même passer par les distributeurs. Avec cette baisse de la consommation, on ne peut pas faire de croissance, mais on peut créer de la valeur.

Votre deuxième activité, celle du textile technique, dégage-t-elle davantage de croissance ?

Oui, l'idée est de chercher de la croissance ailleurs, dans les activités digitales ou techniques. L'histoire de l'entreprise est marquée par deux points clés : le fait d'être familial, et donc la possibilité de mettre en place une vision de long terme, et l'innovation, pour en permanence se réinventer et se différencier pour créer de la valeur sur de nouveaux marchés.

Nous avons démarré l'activité textile technique de zéro, en utilisant nos savoir-faire et les techniques existantes pour concevoir des produits qui n'ont plus grand-chose à voir avec le textile traditionnel. La matière première principale est l'inox ou le métal : nous les transformons pour construire des produits techniques pour d'autres industriels. Ils servent par exemple à faire des filtres pour chaudière qui permettent d'augmenter les rendements. Dans cette activité, très éloignée du monde de Zara ou Primark, tout repose sur la R&D.

Votre dernière branche est le digital, avec des startups et un startup studio, Bricks : quelle est la logique de ce développement ?

La variété de nos activités pourrait surprendre : comment part-on du fil pour créer des startups dans le digital ? Le digital, c'est une suite logique, un moyen d'opérer sur de nouveaux marchés en très forte croissance. Dans l'histoire de la famille, les opportunités et les rencontres ont déjà amené ses membres à créer des activités très variées, par exemple dans la pharmacie, dans l'électronique,... soit plein d'activités déjà différentes du cœur de nos métiers textiles, mais qui en reprennent ses règles : l'innovation, l'investissement de long terme et la qualité de l'exécution.

En développant le Groupe Cerise, nous avons été confrontés à de nombreux défis. Les réponses à ces défis étaient parfois des idées entrepreneuriales que nous aurions pu développer. Nous avions cependant fait le choix de nous concentrer sur la croissance de nos médias en France et à l'international.
Avec Bricks, l'idée est d'avoir un startup studio : en nous appuyant sur nos expertises nous créons des entreprises en nous associant avec des talents. Puis au fur et à mesure qu'elles prennent leur aise, nous les laissons se développer de façon autonome. Les premières d'entre elles sont Viously, une plateforme vidéo ; et Bababam, dans les podcasts.

Sur vos activités textiles, comment faites-vous évoluer votre entreprise et ses produits en permanence ?

Pour ce qui est du textile technique, nous sommes dans des domaines d'application très larges, il n'y a pas de limite. Nous créons des matériaux aux propriétés très diverses. Nous travaillons de deux façons : soit avec des pôles de recherche dans lesquels nous nous intégrons, sur un mode collaboratif, soit via des rencontres dans les salons industriels et techniques. Dans ce dernier cas, nous rencontrons des industriels et nous réfléchissons ensemble à leurs problématiques, pour voir si nos savoir-faire peuvent y répondre. Ce n'est jamais un travail seul, c'est une démarche à deux ou trois. La digitalisation rend l'information vraiment accessible de partout, ce qui fait que la collaboration et l'innovation vont beaucoup plus vite.

Par exemple, nous travaillons actuellement sur un projet de recherche avec un laboratoire aux États-Unis, un autre en Grande-Bretagne et une école. Grâce au digital, nous arrivons très vite à mettre en place des collaborations. Dans nos domaines, le processus d'innovation est très rigoureux : il faut identifier très vite les sujets et les moyens à mettre en place, car il faut ensuite compter parfois 3 à 4 ans avant de sortir un produit.

Et dans le textile traditionnel ?

Nous avons énormément innové dans les procédés de fabrication. La robotisation a permis d'optimiser les coûts, les délais et la qualité de service. Aujourd'hui, les marchés à grosses quantités sont partis en Asie, il nous faut donc des outils qui permettent une très forte flexibilité, afin de maintenir l'activité à un bon niveau de compétitivité. Nous exportons à 70 % : cela valide notre compétitivité.

Le *made in France* est-il une tendance porteuse pour vous ?

Sur le fil traditionnel, le *made in France* émerge, mais en volume ce n'est pas encore très représentatif. De petites marques arrivent, plein de gens font des choses superbes. Des innovations, comme la possibilité de tricoter un pull de façon entièrement automatisée, sans confection, permettront aussi de relocaliser la production. Comme nous nous projetons sur le long terme, je pense que cela va nous bénéficier, mais plus que sur le *made in France*, nous nous positionnons sur le recyclage, qui a un potentiel immense en termes de sens, comme de marché.

Pourquoi le recyclage et l'économie circulaire vous intéressent-ils ?

Le système actuel, où l'on achète et on jette au bout de trois utilisations est en train de montrer ses limites. Et qui d'autre que les industriels peuvent prendre à bras-le-corps ces enjeux ? Il faut que nous, les industriels, puissions répondre à ce besoin de demain. Pour cela, il faut pouvoir innover pour avoir des technologies qui permettent la réutilisation des matières premières. Les solutions seront industrielles. Le recyclage est un sujet très important pour la suite de l'entreprise. Peut-être qu'il nous portera totalement demain. Chez nous, une équipe s'est mise en place sur un mode intrapreneurial, autour d'un ingénieur très sensible à ces sujets de recyclage. Comme à chaque fois que nous avons développé des activités nouvelles, nous sommes partis de rien, en nous appuyant sur des ingénieurs et un travail en collaboration avec des universitaires ou des laboratoires pour créer de nouvelles entreprises. Ce projet a donné naissance à KESA, une marque de fils recyclés à partir de jeans ou de plastique que nous vendons à des centrales d'achats qui en font des vêtements. Mais avant de penser au recyclage du textile, nous avons déjà innové avec une technologie inédite dans la dépollution de l'eau, qui a nécessité 6 ans de mise au point. Celle-ci nous permet de ne plus rejeter d'eau usée, un gros challenge pour un teinturier, pour un coût de plusieurs millions d'euros.

Comment faites-vous pour conserver un esprit d'innovation et de réinvention au sein de votre entreprise ?

Nous recrutons beaucoup d'ingénieurs : l'innovation passe beaucoup par eux. Nous avons un beau mix entre profils expérimentés et apprentis. Aujourd'hui, il est important d'offrir à des jeunes ingénieurs des postes où leur esprit d'initiative est valorisé. Ensuite, ce n'est pas un hasard si, un jour, vous avez un ingénieur qui a passé six à sept ans au sein de votre entreprise, qui vient vous proposer une idée, et qui devient ensuite un projet intrapreneurial. S'il arrive avec un tel projet, c'est parce que nous laissons la porte ouverte à ce genre d'initiatives et qu'ils portent en eux un dynamisme entraînant. En manageant des activités aussi variées que celles que nous avons, cela nous permet d'aller chercher le meilleur de la culture du digital - comme l'agilité, la remise en question permanente, l'ouverture - et la culture industrielle - comme la qualité d'exécution, les process - pour faire en sorte que cet esprit transpire partout, à tous les niveaux de l'entreprise.

Économie circulaire

Concept qui s'inscrit dans le cadre du développement durable, afin d'augmenter l'efficacité de l'utilisation des ressources et de diminuer l'impact sur l'environnement de la production.

Partie 7

S'ouvrir à un éco-système plus large

S'allier pour survivre

Le digital, avec ses logiques d'écosystème pensés autour des clients, impose une ouverture plus large des différents acteurs industriels, ce qui n'est pas sans poser des questions autour du partage de la valeur. Mais pour beaucoup, même les plus grands, il s'agit là d'une question de survie : « *Nous sommes confrontés à un monde de géants. Les grands acteurs du numérique n'ont pas notre taille. C'est en agissant ensemble que nous serons capables de les concurrencer. Tout seul, c'est impossible, qui que nous soyons* », résume Benoît Thiers, Chief Digital & Information Officer de la SNCF.

Un discours que l'on retrouve chez beaucoup d'autres acteurs industriels, dont Bruno Hug de Larauze, chez Idea : « *Je crois beaucoup en l'alliance et en la collaboration, à tous les niveaux. L'important est de chercher le discriminant, mais à partir de là, tout est possible. Prenez par exemple Amazon qui fait trembler beaucoup de monde. Cela ne m'étonnerait pas du tout qu'un jour des entreprises s'allient pour créer une réponse pertinente…* ».

Dans le secteur de la construction, VINCI a ouvert Leonard, sa structure dédiée à l'innovation, notamment dans le but de peser dans les grands sujets d'innovation, comme celui du véhicule autonome, longtemps resté un sujet automobile. « *Le monde des infrastructures a pu avoir pour la première fois une voix sur ces sujets : nous avons réussi à aligner les initiatives internes de VINCI pour porter la vision du Groupe sur les nouvelles mobilités, ce qui donne aujourd'hui la capacité à certaines de nos entités de rejoindre des consortiums industriels et des groupes de travail sur ces sujets* », explique Julien Villalongue, son directeur.

Des logiques d'écosystème à développer

Dans certains domaines, le développement de nouvelles offres est tout simplement impossible sans déployer une logique de partenariat. C'est ce que s'attache à faire l'entreprise Decayeux : « *Tout un écosystème a commencé à se constituer autour de Mycolisbox, cette "boîte de service" étant le dernier maillon de la chaîne logistique lors de la livraison, elle se retrouve dans un écosystème avec ses clients, les utilisateurs de ce nouveau service (les particuliers), des structures indépendantes qui intègrent Mycolisbox à leurs services, des entreprises qui livrent leurs produits, les livreurs qui déposent et récupèrent les produits dans les boîtes à colis* », explique son directeur général, Stéphane Decayeux.

Pour une entreprise comme la SNCF, confrontée à un changement majeur de son marché avec l'essor de la multimodalité, l'ouverture est tout autant une nécessité, comme l'explique Benoît Tiers : « *Nous avons besoin de collaborer avec tout le monde : nos concurrents d'aujourd'hui sont nos partenaires de demain. Travailler avec la RATP, des constructeurs automobiles, des fabricants de bornes de recharge, des opérateurs de téléphonie mobile, c'est extrêmement important pour nous. Avoir une base de données commune des offres de mobilité sur tout le territoire français, c'est crucial* ».

Le développement de telles logiques d'écosystème implique parfois des choix structurants pour les groupes industriels. C'est le cas chez Michelin. « *En France, nos équipes dédiées au numérique sont à Lyon, donc pas tout à fait au siège du Groupe. Aux États-Unis, de même : elles sont installées à Charlotte, en Caroline du*

Nord, à deux heures de route du siège américain. L'idée est de s'implanter dans des lieux où il y a déjà un écosystème digital, auprès des partenaires avec lesquels nous avons l'habitude de travailler », explique Patrice Cochin, VP Digital Transformation & Consumer Experience du spécialiste des pneumatiques.

Trouver le bon équilibre

S'ouvrir à un écosystème plus large se traduit notamment par une collaboration renforcée avec des startups, pour accélérer sur certains sujets. Si un grand groupe comme VINCI peut facilement en accueillir dans ses murs et en fait émerger en son sein, *via* l'intrapreneuriat, la démarche est aussi à la portée des ETI, comme l'illustre l'exemple du programme Zagatub, de Butagaz, ou même des PME, comme c'est le cas d'UTT, à Tourcoing.

Des rachats et prises de participation sont aussi de plus en plus fréquents, mais ils sont souvent complexes à opérer. À la question : « *Est-ce facile, pour une PME traditionnelle, de travailler avec une startup ?* », Olivier Croix, membre du directoire du Groupe, répond d'emblée : « *Non, bien sûr que non. Ne serait-ce que parce que lorsque l'on investit dans une start up, on mise sur un bilan "en devenir", pas sur du résultat direct. Or, nos sociétés ne sont pas habituées à ce grand écart* ».

Parmi les facteurs clés de succès, « le respect » pointe Éric Ducournau, le directeur général du Groupe Pierre Fabre, fort de son expérience avec la startup MÊME, dans laquelle son groupe a pris une participation. « *Chacun a sa propre feuille de route, son propre timing. Soit nous le respections, soit nous allions dans le mur* », explique-t-il.

L'écart entre l'univers des startups et celui des groupes industriels est bien profond, pour des raisons de culture, d'état d'esprit ou de rapport au temps. Mais chacun a pourtant tout à gagner à travailler main dans la main, comme l'illustre aussi l'exemple de Joone, un nouveau venu de l'hygiène-beauté *made in France*, s'appuyant sur un réseau de fournisseurs triés sur le volet. « *Les industriels sont rassurés par le fait de reproduire ce qu'ils savent faire, mais ils savent aussi se montrer à l'écoute et évoluer. Il y a encore de grands bastions industriels en France, dirigés par des familles très dynamiques* », témoigne Carole Juge-Llewellyn, la fondatrice de la marque.

17. VINCI

Julien Villalongue est depuis novembre 2018 le directeur de Leonard, la structure de veille et de prospective du Groupe VINCI installée au cœur de Paris, dans un espace mixant coworking, incubation de startups et événements. Début 2019, le géant français des métiers des concessions et de la construction employait plus de 211 000 personnes, au sein de ses différentes filiales (VINCI Autoroutes, VINCI Airports, VINCI Stadium, VINCI Energies, Eurovia, VINCI Construction…).

Quand on pense « transformation numérique » on ne pense pas spontanément au secteur de la construction : quels sont les enjeux pour le Groupe VINCI ?

La construction est un secteur dans lequel la technologie, au sens large, est présente de plus en plus, dans toutes les dimensions : de la conception et la construction, à l'exploitation ou la maintenance des ouvrages. On observe une diffusion massive des nouvelles technologies, telles que la modélisation 3D, les outils de virtualisation, l'intelligence artificielle, l'internet des objets…

L'immixtion de ce type de technologies produit de la donnée d'usage, c'est un gisement sur lequel nous avons la capacité de créer de la valeur. Quand nous équipons de capteurs le matériel roulant sur nos chantiers, cela permet d'optimiser l'exploitation ou la maintenance. Quand nous cartographions en temps réel les sous-sols pour améliorer la détection des mouvements de terrain, cela facilite le perçage des tunnels. Quand nous analysons les flux de véhicule, nous valorisons les données sur l'usage de nos infrastructures… et on pourrait ainsi multiplier les exemples.

Plus généralement, quels sont les grands changements auxquels sont confrontés les différents métiers du Groupe ?

Ils sont nombreux ! En premier lieu, nous sommes confrontés à la révolution digitale en cours, qui impose de se concentrer sur les usages, alors que des changements dans les chaînes de valeur de nos métiers font peser des risques de disruption. Pour y répondre, **les politiques d'innovation doivent maintenant se pratiquer de façon plus ouverte et décloisonnée, avec de nouveaux partenaires.**

Il y a aussi des évolutions du côté de nos clients, et notamment des maîtrises d'ouvrage publiques, qui se repositionnent et tendent à solliciter leurs partenaires sur des enjeux de plus en plus larges, autour de la mobilité, à l'échelle de tout un quartier voire d'un territoire, et plus seulement dans le seul cadre d'un bâtiment. Cela nous oblige à décloisonner très largement la façon de concevoir nos offres. Autre conséquence de cette évolution, nous sommes amenés à mener des réflexions sur le temps long tout en ayant en tête les réalités à court terme.

Vous avez évoqué le terme de « disruption » : y a-t-il vraiment un risque pour vos métiers ?

Sur nos métiers historiques de la construction, le risque n'est pas nécessairement sur l'acte de construire en lui-même : la question que nous nous posons, c'est plutôt de savoir où va demain se loger la valeur de ce que nous vendons. Est-ce que ce sera dans la capacité à ajouter une couche digitale aux bâtiments ? Dans la conception ou l'exploitation 3D ?

Dans le domaine des concessions, en particulier, nous avons l'intuition qu'il y a de la valeur à échanger avec le client final (les automobilistes, dans le cas d'une autoroute, par exemple), mais nous sommes déjà intermédiés dans cette relation. À l'échelle de la ville, aussi, on pense à Airbnb, Waze, Google, Tesla… mais rarement à VINCI. Il est pourtant crucial pour nous d'être parmi les référents sur ce sujet.

Justement : comment parvenez-vous à faire entendre votre voix sur des sujets trustés par les acteurs technologiques, comme la ville du futur ou les transports de demain ?

C'est quelque chose que nous avons réussi à faire dans le domaine des nouvelles mobilités et du véhicule autonome : pendant longtemps, c'est resté un sujet automobile, porté par les constructeurs ou les opérateurs de transport. Pourtant, si vous voulez faire rouler des véhicules autonomes sur les routes, il faut de la cartographie et cela implique une forte interaction avec les infrastructures. De même pour les véhicules électriques, qui nécessitent des bornes de recharge : vous ne pouvez pas penser la politique de mobilité sans penser à la politique énergétique.

Grâce à un programme comme Leonard, le monde des infrastructures a pu avoir pour la première fois une voix sur ces sujets. Nous avons réussi à aligner les initiatives internes de VINCI pour porter une véritable vision du Groupe sur les nouvelles mobilités, ce qui donne aujourd'hui la capacité à certaines de nos entités de rejoindre des consortiums industriels et des groupes de travail sur ces sujets.

Justement, qu'est-ce que Leonard ? Quels sont ses objectifs ?

Ce programme a été conçu pour répondre aux grands enjeux de transformation de nos différents métiers et pour accélérer les initiatives déjà existantes dans les pôles, afin d'aller plus vite et de mettre les différentes actions en résonances les unes avec les autres. Les divers pôles n'ont pas attendu Leonard pour développer des initiatives, mais avec une dynamique en commun, nous pouvons imaginer de nouveaux usages et étendre la portée de leurs actions. L'idée est aussi d'identifier de nouveaux relais et dynamiques de croissance, tout en développant une meilleure image du Groupe.

Le dispositif a été annoncé en octobre 2016, à l'occasion de la convention du Groupe à Madrid. Nos activités ont débuté au printemps 2017 avant que n'ouvre, en juin 2018, notre laboratoire Leonard Paris, dans le XIIe arrondissement de la capitale.

Quelles sont les actions concrètes entreprises par Leonard ?

Nous avons deux territoires d'intervention : l'exploration du futur de nos métiers et des infrastructures, et l'accélération de l'innovation. Le tout dans une logique de transversalité au sein du Groupe, avec l'ambition de nous ouvrir vers l'extérieur.

Ces missions se traduisent d'une part par la production de veille, l'animation de travaux de prospective et des événements ouverts à tout l'écosystème, et d'autre part par le soutien à l'innovation entrepreneuriale, *via* l'intrapreneuriat, le suivi de projets internes ou l'accompagnement de la relation entre VINCI et les startups.

En quoi est-ce différent des programmes d'incubations ou d'open innovation qui ont fleuri depuis quelques années au sein des grands groupes français ?

La vraie originalité est d'avoir à la fois de la prospective et de l'exploration sur des projets précis, en faisant en sorte que ces deux dimensions se répondent. Par exemple, nous avons travaillé avec un intrapreneur qui avait un projet de bureau d'études sur l'adaptation au changement climatique, un sujet sur lequel nous travaillons aussi en prospective, avec une vision à 10-15 ans : le dialogue a pu se faire dans les deux sens, pour enrichir les deux démarches.

Nous avons aussi une mission d'acculturation du Groupe, à travers des ateliers de travail : les projets intrapreneuriaux émergent sur un terrain qui leur est plus favorable, car déjà sensibilisé à leurs sujets.

Une autre originalité est l'ouverture : c'est le parti pris initial, qui s'explique par le fait que les sujets que nous traitons sont multiacteurs et multimétiers. La ville, par définition, réunit une multitude de parties prenantes. Nous devons donc être en capacité d'intégrer les différents interlocuteurs et les partenaires industriels, que ce soit dans notre veille ou dans nos partenariats. Par exemple, sur le sujet de la résilience, nous faisons intervenir des assureurs, des startups, des acteurs publics… La vraie richesse du programme est de pouvoir nous confronter à l'ensemble des parties prenantes.

Comment cette ouverture bénéficie-t-elle au Groupe VINCI ?

Prenons l'exemple de l'intrapreneuriat : en hébergeant des startups chez Leonard, nous permettons aux membres du Groupe VINCI qui ont des projets, mais pas d'historique entrepreneurial, de se confronter à des gens plus expérimentés. Ces startups sont aussi d'un apport très intéressant dans le cadre du développement de nouvelles offres : elles enrichissent notre proposition de valeur, et nous, nous leur apportons du business.

Globalement, nous considérons qu'il y a bien plus de valeur à être dans l'ouverture que de se refermer sur nos propres convictions : c'est l'esprit que nous insufflons dans toutes nos initiatives. On le retrouve dans tous les volets de nos actions : rares sont les événements que nous organisons qui ne rassemblent que des intervenants issus du Groupe.

Le Groupe VINCI est constitué d'entités et de métiers assez différents et autonomes : y a-t-il des freins dans ce processus de collaboration et d'ouverture ?

Notre chance est que le sujet a été porté par le Comex. S'il en avait été autrement, l'initiative n'aurait pas perduré : c'est une condition de succès. Car évidemment, il y a des freins. Il existait déjà au sein de VINCI de nombreuses initiatives en matière d'innovation : il a fallu faire la preuve de la valeur des apports de Leonard. Nous continuons à le faire. Par exemple, le programme d'intrapreneuriat est venu percuter des cadres managériaux établis : il a fallu passer du temps à convaincre et embarquer les managers dans le projet.

Faire de la prospective ou mener des projets intrapreneuriaux, ça prend du temps. Ce n'est pas forcément concluant car, par définition, on explore. Mais nous avons progressivement pu montrer des résultats tangibles et intéressants. Des membres du Comex nous ont dit que Leonard avait réussi à les faire travailler ensemble : c'est le meilleur témoignage que nous pouvions recevoir.

Incubation

Processus d'accompagnement de jeunes entreprises lors de leur phase de création et de développement.

Intrapreunariat

Ensemble des démarches et méthodes permettant d'introduire une dimension entrepreneuriale au sein d'une organisation constituée. Cela recouvre par exemple les initiatives visant à favoriser la création de nouvelles entreprises par les collaborateurs au sein même de l'entreprise.

18. SNCF

Benoît Tiers a rejoint le Groupe SNCF en 2016 en tant que Chief Digital & Information Officer. Il assure la direction générale de l'entité e.SNCF depuis 2017. Auparavant, il a contribué à la transformation numérique de trois grands groupes français, en occupant des postes de Chief Technical Officer (CTO) ou de Chief Information Officer (CIO) : chez Areva de 2005 à 2009, chez Sanofi jusqu'en 2014, puis chez le leader mondial du transport maritime, CMA CGM.

Qu'est-ce que l'entité e.SNCF dont vous assurez la direction générale ?

e.SNCF regroupe toutes les forces numériques du Groupe, tous axes confondus : Systèmes d'Information, Digital et Telecom qui contribuent aussi bien au numérique à destination des collaborateurs et des clients, qu'au numérique au service de la performance économique et industrielle. Cette direction a été créée début 2017 et regroupe aujourd'hui plus de 2 500 personnes, dont une partie de façon hiérarchique, le reste fonctionnellement.

Pourquoi avoir mis en place une telle structure dédiée aux activités numériques, à côté des activités traditionnelles du Groupe ?

La transformation numérique d'un groupe comme la SNCF ne sera pas la somme de la transformation numérique de ses différentes activités. Le numérique en 2019, ce n'est plus comme l'informatique des années 1980. Nous ne sommes plus dans une logique d'amélioration ou d'optimisation, mais plutôt dans la valorisation d' « assets », comme les données, au bénéfice de l'entièreté de l'organisation. L'idée est de mettre en musique une transformation qui se fasse au bénéfice des clients, des collaborateurs et de la performance, en la répandant dans toute l'entreprise. Cela signifie qu'e.SNCF est aussi un connecteur entre chaque activité.

Quels sont les moyens alloués par le Groupe à cette transformation ?

Nous investissons 300 millions d'euros par an dans la transformation digitale, ce qui est extrêmement significatif, mais à la hauteur de notre ambition. La SNCF est certainement l'un des principaux groupes à être en capacité de faire une V2 de son histoire d'entreprise, grâce au numérique. 85% de notre marché de la mobilité repose sur la voiture individuelle : c'est ce marché que nous allons aller chercher désormais, et c'est possible grâce au numérique.

L'idée principale est de relier le passé et le présent, pour transformer nos différents « assets » (trains, infrastructures…) grâce au numérique et faire en sorte que ce ne soit pas des freins à notre développement, mais au contraire, des avantages concurrentiels. Grâce au numérique et à la data, nous allons par exemple pouvoir densifier encore plus les zones les plus denses de notre réseau, en faisant circuler davantage de trains, de façon mieux optimisée.

Dans cette transformation du Groupe SNCF, la donnée semble jouer un rôle important : pourquoi ?

On parle de « systèmes d'information » depuis des années, sans vraiment comprendre toute la portée de cette dimension *systémique* du numérique. On commence juste à mesurer l'aspect holistique de la donnée. Au sein de la SNCF, nous avons maintenant 210 téraoctets de données réunies dans un « datalake » structuré selon des règles de gouvernance. Ces 210 téraoctets nous permettent d'épauler nos différentes activités.

Par exemple, quand on analyse les boîtes noires de nos trains, on se rend compte que le patinage et l'enrayage ne sont pas seulement dus à l'automne et à la chute des feuilles sur les voies : ces phénomènes correspondent aussi à un certain niveau d'hydrométrie. Grâce à ces informations collectées sur nos trains, on peut adapter le nettoyage et mieux cibler nos actions de maintenance sur les voies.

Quels sont les freins rencontrés dans ce mouvement ?

Il y en a beaucoup... Avec la rapidité à laquelle les choses évoluent, **il faut absolument accompagner nos collaborateurs, et cela ne signifie pas juste coller des affiches dans les couloirs en proclamant que nos collaborateurs ont du talent**... Il faut leur donner la part belle dans notre transformation, considérer leurs *soft skills*, les aider à évoluer. Notamment, cela suppose de les former pour développer leurs prochaines compétences plutôt que pour un métier en particulier.

Il y a aussi des freins culturels, qui émergent avec la donnée. Un ingénieur français est habitué à travailler avec des informations exhaustives et précises. Là, avec le numérique, on leur dit qu'il faut s'adapter à la donnée approximative.

Comment faire pour dépasser ces freins et changer les habitudes ?

C'est du *change management* : il faut se laisser la possibilité de changer les façons de penser. Le sujet n'est pas de désapprendre, au contraire, il faut savoir tirer parti de sa propre expérience pour acquérir de nouvelles connaissances, mais il faut aussi se laisser porter et penser différemment de ce qu'on a appris. Et ce, au niveau du management comme des ingénieurs.

La sécurité est une notion importante pour un transporteur, comme pour beaucoup d'industriels : comment concilier ces logiques d'agilité et d'expérimentation avec un tel impératif ?

Nous avons quatre piliers : le client, le collaborateur, la performance économique et industrielle, et la sécurité. Cette notion de sécurité est évidemment intégrée aux trois autres piliers, mais nous avons tenu à la distinguer.

Avant la SNCF, vous avez travaillé chez Areva, Sanofi et CMA CGM : quels sont les points communs à la transformation numérique de tous ces grands groupes industriels ?

Il y a un sujet qui n'est pas assez souvent mis en avant : l'humain. C'est seulement en le plaçant au centre que l'on pourra réussir sa transformation numérique. Une transformation réussie, c'est parvenir à faire le lien entre les clients, les collaborateurs et, dans le cas de la SNCF, ses 30 000 km de voies, 15 000 trains par jour, 2 milliards de voyageurs par an (5 dans le monde), 3 000 gares…

Vous l'avez souligné, votre marché aujourd'hui n'est plus celui du train, mais celui de la mobilité : comment expliquez-vous cette évolution ?

Au XXIe siècle, la mobilité est un sujet de société : pour une entreprise comme la SNCF qui conjugue infrastructures physiques et mobiles (au sens des trains et des autres modes de transport), c'est une opportunité fantastique. Les villes s'assemblent autour de la mobilité : c'est pour cela que la *tech* investit autant autour de ces sujets, avec le véhicule autonome, les taxis volants, les applications de cartographie et de mobilité… Il suffit de regarder le nombre de startups sur ces sujets… c'est l'eldorado de demain.

Si nous voulons faire en sorte que la mobilité génère moins de congestion dans les villes, moins de CO_2, il faut véritablement mettre à profit la capacité du numérique, en particulier au service de la multimodalité.

Dans son mouvement vers la mobilité, la SNCF revoit aussi ses logiques de partenariats et s'ouvre sur l'extérieur : c'est une nécessité à l'heure du numérique ?

Évidemment. La SNCF a d'ailleurs été l'un des premiers acteurs de la mobilité à éditer des API pour donner accès à nos données. L'ouverture sur le monde fait partie du *mindset* de notre transformation. L'autre raison de cette ouverture, c'est que la multimodalité est bel et bien là : nos clients n'habitent pas dans nos gares. Lorsqu'on se déplace d'un point A à un point B, la SNCF n'a pas dans la main l'intégralité des moyens de transport : la multimodalité doit faire partie du combat pour simplifier la mobilité collective. Pour y parvenir, nous avons besoin de collaborer avec tout le monde **: nos concurrents d'aujourd'hui sont nos partenaires de demain.**

Travailler avec la RATP, des constructeurs automobiles, des fabricants de bornes de recharge, des opérateurs de téléphonie mobile, c'est extrêmement important pour nous. Avoir une base de données commune des offres de mobilité sur tout le territoire français, c'est crucial. Donc par essence, une entreprise comme la SNCF doit véritablement s'ouvrir.

Ces partenariats sont aussi des moyens de peser face aux géants du numérique, qui lorgnent aussi sur ces sujets de mobilité…

Oui, nous sommes confrontés à un monde de géants. Les grands acteurs du numériques sont extrêmement puissants. C'est en agissant ensemble que nous serons capables de réussir. Tout seul, c'est impossible, qui que nous soyons.

API (Applications Programming Interface)

Une API est une interface de programmation qui permet à des applications de se connecter entre elles afin d'échanger mutuellement des données et des informations.

Soft skills

Les « compétences humaines » ou encore « savoirs comportementaux », désignent l'ensemble des compétences informelles et relationnelles des employées. Elles s'opposent aux hard skills, ou compétences techniques.

Partie 8

Concilier court terme et vision stratégique

Face à la somme des bouleversements en cours dans le paysage industriel, un sentiment d'urgence est souvent exprimé. Devant l'étendue du chantier de la transformation digitale, la tentation de faire feu de tout bois est grande, au risque de se disperser. Quels choix opérer, à quelles actions donner la priorité, quelle organisation adopter ? Autant de questions auxquelles les dirigeants doivent répondre rapidement, mais sans perdre de vue ce qui fait la particularité de leurs entreprises.

Cette difficulté est traduite par Patrice Bondy, le directeur général de l'entreprise de menuiserie industrielle CAIB : « *Nous savions que nous étions face à un Everest. Mais nous nous sommes dit qu'il fallait y aller, peu importe la difficulté et surtout sans écouter les personnes qui nous répétaient qu'ils avaient déjà essayé, que ça n'avait pas marché* ».

Un sentiment d'urgence

Chez la plupart des dirigeants ayant commencé une transformation digitale, comme Patrick Bondy, le sentiment d'urgence, qui marque leurs discours, est frappant. « *Nous sommes dans une course de vitesse* », martèle notamment Éric Ducournau, le directeur général du Groupe Pierre Fabre.

Chez le fabricant de boîtes aux lettres Decayeux, subissant de plein fouet la concurrence de nouveaux acteurs et la pression des distributeurs, l'urgence a été encore plus forte, comme le raconte son directeur général, Stéphane Decayeux, : « *De nombreux éléments ont accéléré les choses chez nous, tels que la prise de conscience de l'urgence de la situation. La prise d'initiative a été facilitée, parce que nous n'avions pas le choix...* ».

La transformation rapide de la réalité économique de certains secteurs n'est pas isolée : elle se retrouve autant en BtoC qu'en BtoB, avec l'arrivée soudaine de nouveaux entrants plus agiles et moins chers, l'émergence de nouveaux acteurs de la distribution bousculant les équilibres établis ou encore des évolutions rapides des comportements de consommation.

Sans être aussi extrême, ce constat d'urgence est partagé dans l'industrie lourde, qui anticipe des disruptions majeures à court ou moyen terme. « *Le monde de la chimie et le monde de l'aéronautique sont des industries très en retard. Le danger est de rester immobile* », avertit par exemple Benoît Marcesche, Digital Officer de Socomore. Mais il peut s'avérer difficile de transformer une entreprise lorsque tout va bien...

La nécessité d'accélérer les choses

Face à cette question de vie ou de mort pour certains acteurs industriels, l'accélération de la transformation s'impose comme une nécessité. D'ailleurs, les dirigeants ne mâchent pas leurs mots en interne, dans l'objectif évident de provoquer un électrochoc, afin que leurs messages soient réellement suivis d'actions. Beaucoup craignent d'être les seuls à comprendre les futurs dangers et de ne pas réussir à entraîner à leurs côtés leurs centaines ou milliers de salariés, assez vite, avec assez de passion, avec assez d'investissement.

Bruno Hug de Larauze, dirigeant d'Idea, raconte avoir renvoyé ses équipes au travail, après la présentation de premières initiatives, trop timorées à son goût : « *Les premiers projets présentés étaient encore très dépendants de notre activité d'alors, ils manquaient de créativité. Surtout, le montant total des investissements requis était de 300 000 €. C'était rien du tout ! Donc on est reparti pour un second tour* »

Dans les faits, les dirigeants ne cherchent évidemment pas à tout remettre en question. L'héritage est lourd, qu'il s'agisse de culture, de process, ou de branches d'activités encore rentables mais dont l'avenir est menacé à plus long terme.

L'enjeu, bien souvent, est plutôt de s'appuyer sur les recettes qui ont fait le succès des entreprises, afin de les faire évoluer à plus ou moins grande échelle. Il s'agit aussi d'obtenir de premières réussites concrètes, capables de susciter un effet d'entraînement, comme l'explique Ludovic Donati, le Chief Digital Officer d'Eramet : « *Cette transformation prend du temps, elle crée un choc culturel. Il faut rapidement obtenir les premiers succès. Pour y parvenir, il faut arriver à trouver les bonnes personnes qui ont envie de mener des tests* ».

Si les PME peuvent s'appuyer sur la vision de leur P.-D.G. et diffuser rapidement les changements nécessaires, les ETI et les grands groupes adoptent plutôt des logiques de « plans » pluriannuels, permettant de fédérer toutes les énergies autour d'objectifs communs, clairement énoncés et visualisés. « *Il est essentiel de comprendre que les bonnes idées sont déjà dans l'entreprise. Les collaborateurs sont au contact du terrain, des clients et ils connaissent les tendances du marché. Un plan de transformation fonctionne à partir du moment où les équipes sont pleinement associées* », conseille Thibault Lanxade, le P.-D.G. de Jouve.

(Re)formuler sa raison d'être

Une question récurrente se pose rapidement chez tous les acteurs qui entreprennent une démarche de transformation digitale : « Par où commencer ? ». La réponse est bien sûr plurielle. Ces entreprises ne sont pas dans la rupture à proprement parler, mais plutôt dans l'évolution.

Un point de départ fréquent est un travail sur la mission et la raison d'être du Groupe : un moyen de donner un sens à la transformation en cours. Cette démarche se traduit par la formulation d'une vision qui permet de fixer un cap et d'assurer la cohérence de la stratégie. Reprenons les paroles de Bruno Hug de Larauze, Président d'Idea : « *Cela commence par notre travail sur notre raison d'être : aujourd'hui, elle n'est pas incarnée par tous. Travailler dessus est donc actuellement une priorité puisqu'elle déterminera notre capacité à résoudre les enjeux auxquels nous sommes confrontés* ».

Emmanuel Mannooretonil, le directeur du développement des nouveaux business et de l'innovation de Butagaz, donne un exemple de cette « raison d'être » : « *Aujourd'hui, nous ne sommes pas là pour vendre de l'énergie, mais pour servir les besoins énergétiques et le confort de la maison. Cela peut signifier aider les gens à isoler ou adopter des équipements plus performants, même si cela se traduit pour nous par une moindre consommation d'énergie. Mais attention, quand on parle de "confort de la maison", il ne s'agit pas d'aller jusqu'à vendre du mobilier !* ».

Chez Michelin, la démarche est similaire, comme le rappelle Patrice Cochin, VP Digital Transformation & Consumer Experience : « *Michelin doit constamment réinventer sa façon d'opérer pour être aussi un leader dans le monde de la mobilité digitale. La transformation digitale du Groupe s'inscrit donc dans le cadre de sa raison d'être, qui est d'offrir à chacun une meilleure façon de se déplacer* ».

L'importance de réaffirmer sa mission est d'autant plus cruciale que face à eux, les groupes industriels retrouvent des startups et des *pure players* explicitant clairement leurs missions et leurs ambitions, de « *rendre le monde plus ouvert et connecté* » de Facebook à « *proposer des produits d'une qualité irréprochable* » de la startup Joone. Un atout lorsqu'il s'agit de convaincre aussi bien des clients que des talents.

19. Butagaz

Emmanuel Mannooretonil est directeur du développement des nouveaux business et de l'innovation de Butagaz depuis octobre 2015. Il dirige les efforts de diversification de ce fournisseur d'énergie, entre innovation, développement organique de nouvelles activités et croissance externe. Butagaz est une entreprise française créée en 1932, filiale du groupe irlandais DCC depuis 2015. En France, il opère un centre de Recherche et Développement, 5 centres remplisseurs, 11 dépôts et une flotte de plus de 500 camions.

Comment s'incarne la transformation digitale de Butagaz ? Quelles formes prend-elle ?

Nous ne nous considérons pas en transformation. Nous avons des projets, l'entreprise évolue, mais nous ne sommes pas dans une posture de transformation. Nous ne pensons pas que le Butagaz d'hier est mort. Lorsque vous entrez dans l'adolescence et que votre corps change, vous ne dites pas « *Je me transforme* ». Dans notre culture, nous n'employons pas vraiment le langage de la « transformation digitale » : nous sommes plutôt à l'étape du « *Pourquoi se transformer ?* » et « *En quoi ?* ».

Justement, selon vous, qu'est-ce qui distingue les ETI comme Butagaz des grands groupes dans leur approche du numérique et la conduite du changement ?

Une ETI, qu'est-ce que c'est ? C'est une entreprise dans laquelle le junior au marketing, en alternance depuis 6 mois, peut tutoyer le président et le rencontrer en réunion. Il y a une attention particulière au concret. Tout cela fait qu'on réfléchit beaucoup moins aux grands concepts, on fait des choses. Notamment, nous n'avons personne dont le rôle est particulièrement de réfléchir à la transformation de Butagaz, mais nous avons des initiatives dans des tas de domaines, et celles-ci vont avoir un impact significatif sur la vie de l'entreprise.

Le marché de l'énergie, sur lequel opère Butagaz, est-il moins concerné que les autres par la révolution digitale ?

Notre marché historique du gaz en bouteilles et en citernes n'a pas fondamentalement changé sur les dix dernières années. C'est un marché concentré, avec des produits bien établis. L'innovation se concentre sur les aspects commerciaux (tarifs, canaux de vente), sans grands changements externes.

Par contre, un élément va totalement changer la donne : la transition énergétique. Celle-ci va mettre notre marché sous pression, d'un point de vue réglementaire et du côté des consommateurs. C'est une révolution qui doit nous pousser à changer nos façons de penser. Il ne faut pas qu'on ait peur d'aider nos clients à consommer moins d'énergie.

Mais nous pouvons aussi agir à d'autres niveaux, par exemple nous avons décidé de compenser 100 % des émissions carbone du chauffage gaz de nos clients particuliers, et nous commercialisons aussi du biométhane renouvelable. Ce n'est donc pas notre marché historique, mais des causes externes, avec la transition énergétique, qui nous stimulent.

Concrètement, comment cette transition énergétique peut-elle transformer Butagaz ?

Le mouvement ne fait que s'amorcer, mais nous allons devoir mesurer notre succès avec d'autres indicateurs que le volume de gaz vendu. Cette prise de conscience a été opérée au niveau du comité de direction, qui pense à notre avenir à long terme. Pour piloter la performance 2019-2020, savoir combien de gaz est livré est indispensable, mais pour ce qui est de l'avenir, à 10 ou 15 ans, on sait que l'excellence se mesurera différemment.

Car si le client nous dit qu'il veut des produits plus propres, avec un impact environnemental plus faible, c'est à nous de lui trouver des solutions. **Nous sommes là pour servir les clients avant tout : même si notre produit est formidable, nous savons que le gaz est acheté pour être brûlé !** C'est la fonctionnalité et l'usage qui dictent notre fonction : nous avons ça en tête depuis très longtemps.

Vous êtes directeur du développement des nouveaux business : quels sont les nouveaux champs que vous investissez ?

Depuis 2017, nous sommes devenus distributeurs de granulés de bois, de gaz naturel et d'électricité, en plus du butane et du propane, nos produits historiques. D'un point de vue opérationnel, les changements que ces nouvelles activités impliquent sont importants : ce sont d'autres fournisseurs, d'autres processus, d'autres modes de distribution. Nous ne sommes plus sur notre terrain de jeu habituel, nous sommes des challengers, confrontés aux incertitudes de la phase de croissance de nouvelles activités.

Ces nouvelles activités, avec ce nouveau statut de challenger, stimulent-elles les activités traditionnelles ?

Nous nous rendons compte que certains sujets primordiaux pour nos nouvelles activités sont aussi primordiaux pour nos activités traditionnelles. Bien sûr, nous n'avons pas découvert le digital parce que nous vendons maintenant des granulés de bois ou de l'électricité par notre site Internet, mais ces projets nous poussent quand même à aller plus vite sur tous nos marchés.

À l'inverse, sur ces nouvelles activités, nous n'allons pas jeter au rebut nos valeurs : la proximité, la qualité des produits, l'innovation. La proximité s'incarne notamment dans la possibilité pour nos clients d'avoir le choix des moyens de nous contacter. Aujourd'hui, le site web permet d'acheter des bouteilles de gaz, de souscrire à des offres de gaz naturel et d'électricité, mais il n'est pas le seul canal car nous misons toujours sur l'humain pour la qualité de la relation client.

Pourquoi avoir fait le choix de se lancer sur autant de nouvelles activités d'un coup, alors que jusqu'alors Butagaz restait concentré sur le gaz en bouteille ?

Il y a eu une conjonction de facteurs qui ont amené à la création de mon poste, fin 2015 : c'est l'année où nous avons lancé notre programme d'accélération de startups, Zagatub, mais aussi l'année où nous avons changé d'actionnaire. Depuis quasiment sa création, Butagaz était une filiale du Groupe Shell. En 2015, nous avons été rachetés par DCC, un groupe irlandais spécialisé dans la distribution, le négoce et la vente de gaz, pétrole, électricité, produits pharmaceutiques et produits high-tech, qui opère sur un mode très décentralisé.

Butagaz est ainsi passé du statut de petite filiale, seule dans son activité, au sein d'un énorme groupe, à un statut de plus grosse filiale d'un groupe en forte croissance.

Quels sont les services que vous imaginez pour élargir votre activité ?

Nous pouvons aller beaucoup plus loin dans les services. Par exemple, nous avons depuis toujours une offre d'assistance dépannage des installations de nos clients, nous aidons depuis longtemps des consommateurs à financer la rénovation énergétique de leurs logements (meilleure isolation, chaudières plus performantes). Nous sommes prêts à aller bien plus loin. Par exemple pour aider les gens à changer d'énergie nous testons un service de démontage de cuves de fioul.

Dans ce domaine, avec le numérique, il est possible de faire plus… Une illustration : nous ne sommes pas le seul énergéticien à le faire, mais nous cherchons à mieux comprendre la consommation de nos clients pour leur apporter du conseil et des recommandations. Nous travaillons en particulier avec la startup Wivaldy, qui utilise les données des compteurs Linky et nous a permis de mettre très rapidement un service en test auprès de nos clients. D'un côté, nous avons pu apporter de la valeur à nos clients grâce à cette offre, de l'autre, la startup en tire des leçons sur le potentiel de son produit.

Tous ces nouveaux services reposent sur des portails web, de l'analyse de données, parfois des objets connectés, ainsi que de l'innovation sur l'expérience utilisateur au sens large.

Justement, avez-vous des exemples d'innovation sur le terrain de l'expérience utilisateur ?

Oui : nous avons notamment dédié une équipe à l'installation de distributeurs automatiques de bouteilles de gaz, disponibles 24h/24, avec la possibilité d'acheter à la borne ou de précommander en ligne sur un mode *click-and-collect*. Pour cela, nous avons travaillé en collaboration avec une startup, TheKeys, qui développe des serrures connectées. Il s'agit de faciliter l'acte d'achat de la bouteille et de donner des réponses en cas de « panne » de gaz.

Autre domaine clé de notre industrie : la livraison de gaz en citernes. Elle s'effectue souvent à la commande, mais aussi sur un mode prédictif : nous pouvons déclencher de façon proactive des livraisons chez les clients dont nous suivons la consommation à distance. Nous mettons aussi en place les outils digitaux qui permettent le suivi de la livraison : c'est un besoin qui existe depuis toujours, mais auquel nous pouvons aujourd'hui répondre de façon plus fiable grâce au digital. Cette information en temps réel a une énorme valeur pour le client, ce n'est pas du gadget.

Donner de la sérénité et de la prévisibilité au client, c'est une grande force. **À l'inverse, mettre de la technologie partout sous prétexte d'être cool et d'anticiper les grandes tendances mondiales, c'est quelque chose qui ne nous passionne pas.**

Quelles sont les prochaines étapes ?

Aujourd'hui nous sommes une quinzaine de collaborateurs dans ma division, qui réunit l'activité granulés, l'exploration de nouveaux marchés, et les lancements de produits ou services innovants plus ou moins reliés à nos activités de vente d'énergie. Il y a encore beaucoup à faire pour développer les activités que nous avons lancées au cours des deux années passées, mais nous travaillons dès maintenant sur les services qui peuvent être combinés à la commercialisation d'énergie, c'est ce qui va nous occuper dans les années à venir.

Encore une fois, nous ne vendons pas du gaz ou de l'électricité pour vendre du gaz ou de l'électricité, ce qui compte c'est l'usage. Il faut se mettre au diapason des attentes des consommateurs, particuliers comme professionnels, et cela nous ouvre des opportunités.

Par exemple, avec le besoin de sécuriser son budget en énergie, on rentre dans le domaine de l'assurance. Et quand vous vous intéressez à la chaudière dans laquelle vos clients brûlent du gaz, vous en arrivez aux questions d'isolation, de financement ou de conseil en changement d'énergie… Nous devons développer la dimension conseil de notre activité, et c'est possible parce que nous pouvons nous appuyer sur une marque forte comme Butagaz.

Finalement, en pensant « usages » et « clients » plutôt que « produits », cela vous amène à repenser la mission de Butagaz ?

Clairement : aujourd'hui, nous sommes là pour servir les besoins énergétiques et le confort de la maison. Cela peut signifier aider les gens à isoler ou adopter des équipements plus performants, même si cela signifie qu'ils consommeront moins d'énergie. Mais attention, quand on parle de « confort de la maison », il ne s'agit pas d'aller jusqu'à vendre du mobilier ! Ceci dit, il y a encore pas mal de sujets qui ne sont pas directement liés à notre métier initial, mais qui ont beaucoup de sens pour Butagaz.

20. Decayeux

Stéphane Decayeux est le directeur général du Groupe du même nom. Cette entreprise familiale, créée en 1872, est dirigée depuis six générations par la famille fondatrice. Ce leader européen de la boîte aux lettres, installé à Feuquières en Vimeu (Somme), entend bien aujourd'hui profiter de l'essor du numérique pour investir de nouveaux marchés, comme celui de la boîte à colis connectée…

Vous avez commencé une transformation numérique de votre entreprise : quel en est le moteur ?

Le pouvoir des distributeurs additionné à la montée de la concurrence, et notamment des acteurs de la grande distribution, mettaient en danger la pérennité de notre Groupe. Le secteur des boîtes aux lettres est en déclin, il fallait nous adapter à l'internet sinon nous serions morts. L'ambition de cette transformation numérique est donc de toujours exister dans dix ans, pour ne pas finir comme beaucoup d'ETI françaises provinciales qui ont été contraintes de fermer leurs portes.

Comment s'incarne cette transformation ?

De vendeur de boîtes aux lettres, nous devenons logisticien. Plus précisément, nous devenons le dernier maillon de la chaîne logistique permettant aux clients de récupérer leurs colis. Cela se traduit par une innovation dans nos process, dans nos produits et services, mais aussi dans la distribution et la communication.

La création de MyColisBox, une boîte à colis connectée et sécurisée qui permet de recevoir ou renvoyer ses colis sans se déplacer autre part qu'à la « box » a été déterminante. Le développement du e-commerce et de la livraison à domicile a fait naître une forte demande sur le marché de la boîte à colis connectée. Cette technologie arrive au bon moment pour se faire une place sur ce marché à fort potentiel. Elle apporte en plus la sécurité : nos boîtes à colis sont placées dans des lieux « semi-privatisés », ce qui permet d'éviter, en grande partie, les actes de vandalisme plus fréquent dans des espaces publics. Ensuite, elles sont sécurisées par une technologie mobile GSM et non par un système réseau PC (wifi, Bluetooth) plus sensible aux virus et aux cyberattaques. Enfin, notre expertise dans les coffres-forts nous a permis de construire un produit particulièrement solide.

Autour de « MyColisBox », vous pouvez aussi imaginer de nombreux services...

Effectivement, c'est le cas avec le lancement de notre application mobile Walter qui est un service social au service de la livraison sécurisée des colis. Présentée lors du CES 2019 de Las Vegas, Walter App a pour vocation de favoriser l'échange entre les résidents, les étudiants ou encore les collègues de travail, et de faciliter leurs achats, en utilisant MyColisBox comme point de rassemblement.

Les utilisateurs peuvent ainsi entrer en contact avec d'autres membres de leur communauté pour échanger, relayer des évènements, ou encore emprunter, prêter ou échanger leurs biens, et également profiter de produits issus des entreprises locales. Une démarche qui promeut alors la cohésion sociale par l'utilisation du numérique.

Comment le lancement d'une telle offre change-t-il votre entreprise ?

MyColisBox a transformé le métier de Decayeux : **avant, nous vendions un produit (des boîtes aux lettres), maintenant nous vendons un service** (une « conciergerie » qui permet la réception de colis). Nous proposons des services pour accompagner MyColisBox, que ce soit sur l'installation, l'entretien, le remplacement des pièces défectueuses, ou encore une interface pour les livreurs. Cette innovation a d'ailleurs été distinguée d'un prix lors du CES de Las Vegas en 2018.

Tout un écosystème a commencé à se constituer autour de cette « boîte de service » étant le dernier maillon de la chaîne logistique lors de la livraison, elle se retrouve dans un écosystème avec ses clients, les utilisateurs de ces nouveaux services (les particuliers), des structures indépendantes qui intègrent MyColisBox à leurs services, des entreprises qui livrent leurs produits, les livreurs qui déposent et récupèrent les produits dans les boîtes à colis.

Votre arrivée sur ce nouveau marché change donc aussi les interlocuteurs avec lesquels vous travaillez ?

Oui, une réflexion a d'ailleurs été conduite pour déterminer les secteurs d'activité prioritaires, que ce soit des startups avec lesquelles des projets sont en cours et qui pourraient venir compléter l'offre de MyColisBox, des promoteurs immobiliers qui veulent installer MyColisBox dans leurs complexes immobiliers et ainsi proposer un service nouveau à leurs clients potentiels, des résidences étudiantes et des espaces de coworking, ou encore des acteurs de la grande distribution qui veulent pouvoir offrir un service *click-and-collect* 24h/24 à leurs clients.

Vos distributeurs et partenaires évoluent eux aussi : comment accompagnez-vous ces changements ?

Le Groupe a mené une « verticalisation » de ses activités et intègre désormais la distribution de ses produits. L'objectif est d'être moins dépendant des distributeurs qui prennent des marges importantes, et qui n'ont pas de valeur ajoutée majeure au niveau logistique, car la livraison et l'installation du produit sont simples.

De plus, l'entreprise a une véritable expertise logistique et est capable de gérer l'ensemble de ses commandes. Mais cela ne nous empêche pas d'utiliser tous les modes de distribution : vente directe, plateformes e-commerce, acteurs de la grande distribution, aucun canal de distribution n'est fermé. La stratégie est de distribuer le plus largement possible, online comme offline. La cannibalisation n'est pas un sujet : la présence des produits sur les différents canaux dépend de leur typologie.

Qu'est-ce qui a été le plus difficile dans votre processus de transformation ?

L'étape la plus importante et la plus difficile a été l'accompagnement dans la transformation digitale. L'objectif était d'arriver à embarquer le plus grand nombre, mais c'est relativement compliqué dans une entreprise industrielle, où les salariés n'ont pas de compétences digitales et ne voient pas forcément d'un bon œil cette transformation. Il faut donc arriver à faire évoluer les habitudes. Un tiers des salariés au siège sont partis, soit environ vingt salariés sur soixante. Mais les salariés les plus motivés ont pu se former aux nouveaux outils digitaux, et ont à leur tour contribué à donner un nouveau souffle à la transformation digitale.

À partir de votre expérience, quel(s) conseil(s) donneriez-vous à d'autres chefs d'entreprise ?

De nombreux éléments ont accéléré les choses, tels que la prise de conscience de l'urgence de la situation ou l'impulsion de l'équipe dirigente. La prise d'initiative a été facilitée, parce que nous n'avions pas le choix... Pour mettre en place cette transformation, il a fallu bousculer la culture et les domaines de compétences de l'entreprise. Il ne faut donc surtout pas négliger l'accompagnement et la pédagogie. Chez nous, cela a impliqué un renouvellement des équipes, mais a eu pour avantage d'aligner l'ensemble des collaborateurs en termes d'ambition pour le Groupe.

Aujourd'hui, quels sont les freins que vous rencontrez dans votre développement ?

Nous avons une vraie difficulté à attirer les jeunes talents. Ceux-ci sont peu nombreux à vouloir rejoindre une ETI. De plus, l'emplacement de notre siège social, isolé dans la Somme, n'aide pas. Il n'y a aucune grande ville à proximité, aucun bassin de jeunes talents... Le fait d'avoir trouvé un community manager relève du miracle !

21. Armor

Armor est une ETI spécialisée dans les technologies d'impression, leader mondial des rubans en transfert thermique, en particulier. L'entreprise regroupe sept activités, dont deux historiques et cinq « New Tech » ainsi que 2 000 personnes, réparties dans 27 sites industriels dans le monde. Aujourd'hui, 80 % de son chiffre d'affaires est réalisé à l'export, dont la moitié en dehors de l'Europe. Hubert de Boisredon est le P.-D.G. d'Armor. Yohann Froment est le directeur marketing et communication des rubans transfert thermique.

D'une activité orientée vers deux domaines principaux, Armor est progressivement passé à une structure intégrant sept activités. Comment l'évolution s'est-elle réalisée ?

Yohann Froment : Jusqu'au début des années 2010, l'entreprise avait toujours suivi l'évolution des technologies d'impression. Armor a commencé par le papier carbone, pour passer aux rubans de machine à écrire, puis a introduit la technologie transfert thermique en Europe et développé les consommables jet d'encre et laser. Ensuite, les technologies bureautiques sont arrivées, nous avons donc développé de nouvelles solutions, comme l'impression par jet d'encre.

Progressivement, il a pourtant fallu transformer notre façon de voir les choses. Notre réflexion peut se résumer ainsi : « *Plutôt que d'évoluer en suivant les technologies, pourquoi ne pas regarder plutôt ce que l'on sait faire, pour identifier en quoi nos savoir-faire peuvent répondre à des besoins de nos clients ?* ». De là sont nées nos premières « New Tech », comme Armor Beautiful Light qui produit des films photovoltaïques ou les composants En' Safe®, qui augmentent de 20 % la durée de vie des batteries Lithium-Ion.

Vos marchés historiques ont été remis en cause par la digitalisation. Comment expliquez-vous que pourtant, en 15 ans, votre chiffre d'affaires soit passé de 120 à 265 millions d'euros, avec régulièrement des exercices à plus de 10 % de croissance ?

YF : En effet, il y a un impact négatif des nouveaux usages sur certaines de nos activités, comme l'impression bureautique, qui nécessairement vend moins parce qu'il y a de plus en plus d'écrans et de moins en moins d'impression papier. Mais toute l'impression ne meurt pas, bien au contraire.

Hubert de Boisredon : Amazon offre la plus belle des illustrations. J'ai pu visiter Amazon GO, leur magasin sans caisse. Même si tout est numérisé, tous les produits conservent un code-barres. La traçabilité est réalisée, de bout en bout, par de l'impression.

Les applications n'ont rien à voir avec ce que l'on faisait avant, mais on reste sur nos savoir-faire d'origine, que nous avons étendus et croisés avec les évolutions de nos sociétés.

Personnellement, dès 2006 ou 2007, j'ai compris, notamment en voyant le film *Une vérité qui dérange* de Al Gore, qu'une prise de conscience collective pour la planète était indispensable. C'est devenu une finalité pour Armor : contribuer à des enjeux de société à l'aide de nos technologies. Et les cinq New Tech qui sont apparues chez nous, depuis le début des années 2010 y répondent.

Pour opérer ces investissements, lancer de nouvelles activités et réaliser des rachats, les soutiens financiers sont nécessaires. Beaucoup ont fait le choix d'entrer en bourse pour cela. Pas Armor. Et vous n'hésitez pas à le mettre en avant…

HB : Oui, et on m'a d'ailleurs reproché de dire que nous ne voulions pas « être soumis à la tyrannie du court terme » en entrant en bourse. Mais je continue à le penser !

Depuis quinze ans, nous investissons entre 20 et 30 millions d'euros par an. Pour moi, nous parvenons à trouver l'argent pour plusieurs raisons. Le fait que les investissements soient réguliers en est une. Mais surtout, nous sommes bien accompagnés par nos banques et investisseurs, qui ont compris que si nos innovations de ruptures doivent rapporter un jour, ce sera un bonus. **Prenons nos marques New Tech, la première a été créée en 2010 et les premières ventes ne sont arrivées qu'à partir de 2016. Ce type de développement serait impossible à réaliser avec une vision au trimestre.**

Est-ce que vous appliquez cette même approche dans vos investissements, dans des startups ?

HB : En quelque sorte. Il faut être conscient des différences de rythme entre nos structures établies et d'autres structures émergentes. Bien sûr, on aimerait toujours aller plus vite, et parfois c'est frustrant, mais à nous aussi d'être intelligents dans le cadre donné. Avec les nouveaux projets, nous respectons plusieurs choses : une délégation forte, des équipes propres, une chaîne de commandement raccourcie avec un lien direct au directeur général.

Et, pour ce qui est des objectifs et des timings, on a tendance à utiliser la règle suivante avec les entrepreneurs qui viennent nous voir : prendre leur business plan, diviser le potentiel par deux et doubler le temps pour y parvenir !

Armor est une marque inconnue du grand public, alors que ses technologies se retrouvent dans de nombreux produits. Ce manque d'identification est-il un problème pour vous ?

HB : En effet, le point commun entre tous nos produits est qu'ils sont souvent inconnus du grand public, en quelque sorte invisibles. Ce sont des consommables ou des matières nécessaires à la réalisation de quelque chose d'autre. Dans votre t-shirt ou votre ordinateur, vous ne voyez pas l'intervention d'Armor.

Mais cette absence d'identification est une force pour nous. Nous avons toujours affirmé que nous n'utiliserions pas les données du client final, transmises par nos partenaires, pour Armor. Et nous sommes les seuls à respecter cet accord, nos concurrents chinois, par exemple, ne se gênent pas pour utiliser ces données. Et tous les fabricants concurrents vendent, d'une façon ou d'une autre, au client final. Ce n'est pas le cas d'Armor et nous affirmons que ça ne le sera pas dans les années à venir. Nous nous sommes engagés en ce sens auprès des VARS (Value Added Resellers).

La non-utilisation de ces données ne représente-t-elle pas un frein au développement de vos activités ?

YF : **On pourrait se concentrer sur ce que l'on perd en n'utilisant pas ces données, mais je pense que l'on y gagne**

encore davantage. Prenez par exemple le Brésil. Nous y sommes arrivés en 2004. Au départ, nos clients ne comprenaient pas notre stratégie. Lorsque nous leur disions que nous n'allions pas aussi vendre aux clients finaux, ils ne nous croyaient pas. Simplement parce que tous nos concurrents le faisaient ou menaçaient de le faire. Mais, petit à petit, peut-être en se renseignant dans d'autres pays, ils ont vu qu'on ne mentait pas. Et, aujourd'hui, nous sommes parfaitement implantés dans ce pays.

HB : Il faut aussi prendre en compte qu'avec ces accords, nos clients ont intérêt à nous donner certains accès, permettant un service renforcé. Dès 2006, grâce à des connexions renforcées, nous avons commencé à livrer directement aux clients de nos clients. Aujourd'hui, ce service est choisi par un quart de nos clients dans le monde. Sur de nombreux marchés, on travaille avec l'ensemble des fabricants d'imprimantes qui sont pourtant entre eux, parce qu'ils ont confiance dans le non-partage de ces données.

Partie 9

Accompagner le changement

Alors que la transformation numérique a trop souvent été réduite à des outils et à des technologies, elle est avant tout humaine et culturelle. Les collaborateurs et leurs dirigeants se trouvent aux premières loges des changements en cours. C'est ce que résume Olivier Croix, membre du directoire du Groupe Kerpro : « *Nous sommes tous engagés dans un combat quotidien contre les habitudes, contre la peur même. Celle de l'inconnu, mais aussi celle de rater quelque chose, par une mauvaise décision par exemple* ».

Former et faire évoluer les collaborateurs

Formation, pédagogie et nouvelles pratiques managériales font figure de prérequis pour s'adapter et faire évoluer les organisations à l'heure de la digitalisation. « *Il n'y a pas vraiment de recette magique : la clé, c'est d'engager les gens, de les former beaucoup, et de leur donner une mission qui les concerne, eux, personnellement* », explique notamment Frédéric Guinot, le P.-D.G. du Groupe Farinia.

« *Avec la rapidité à laquelle les choses évoluent, il faut absolument accompagner nos collaborateurs, et cela ne signifie pas juste coller des affiches dans les couloirs en proclamant que nos collaborateurs ont du talent… Il faut leur donner la part belle dans notre transformation, considérer leurs "soft skills", les aider à évoluer.*

Notamment, cela suppose de les former pour développer leurs prochaines compétences plutôt que pour un métier en particulier », détaille Benoît Tiers, directeur général de e.SNCF.

« *L'étape la plus importante et la plus difficile a été l'accompagnement dans la transformation digitale. Il ne faut donc surtout pas négliger la pédagogie. Chez nous, cela a impliqué un renouvellement des équipes (un tiers des salariés au siège sont partis, soit environ 20 salariés sur 60), mais a eu pour avantage d'aligner l'ensemble des collaborateurs en termes d'ambition pour le Groupe* », explique quant à lui Stéphane Decayeux, le directeur général du Groupe Decayeux.

L'importance de la culture

« *Le Groupe Saint-Gobain met lui aussi l'accent sur la formation. Parmi beaucoup d'autres initiatives, une digital Academy a été mise en place afin de renforcer la culture digitale partout dans le Groupe, pour que les professionnels du digital continuent à se développer et approfondir leurs connaissances, pour accompagner les managers dans la transformation digitale de leurs activités et pour identifier les talents cachés du digital* », explique Mathilde Hébert, la Customer Experience & Digital Marketing Director du Groupe. Au passage, ces programmes de formation à grande échelle permettent au Groupe de renforcer sa culture et ses valeurs.

Un constat partagé par Patrice Cochin, VP Digital Transformation & Consumer Experience chez Michelin : « *Quand il faut deux à trois mois de formation et d'adaptation à la culture Michelin, il n'est pas question que les gens repartent au bout de six mois, ce ne serait pas rentable. La culture et le management sont des éléments clés de la transformation… Sur ce sujet, les entreprises industrielles à forte culture, comme Michelin, ont des atouts à faire valoir bien plus que les autres* ».

De fait, lorsqu'il s'agit de recruter des profils de service, les PME et ETI ne bénéficient pas des facteurs d'attraction présents chez les plus grandes entreprises (nom, avantages sociaux, transversalité des carrières…). Une difficulté évoquée par Stéphane Decayeux : « *Nous avons une vraie difficulté à attirer les jeunes talents. Ceux-ci sont peu nombreux à vouloir rejoindre une ETI. De plus, l'emplacement de notre siège social, isolé dans la Somme, n'aide pas. Il n'y a aucune grande ville à proximité, aucun bassin de jeunes talents… Le fait d'avoir trouvé un community manager relève du miracle !* ».

Passer de la conduite à la culture du changement

Dans le plan de transformation de l'imprimeur et éditeurs de services numériques Jouve, une attention toute particulière est accordée à l'accompagnement des managers et à la culture d'entreprise. « *La résistance au changement n'est bien souvent qu'une loyauté au passé, ce n'est pas uniquement de la peur. À nous d'accompagner les collaborateurs et les managers dans ces mutations, de reconnaître le droit à l'erreur, de laisser des marges de manœuvre à chacun pour entreprendre. C'est une rupture avec le management pratiqué jusqu'à présent* », explique son P.-D.G., Thibault Lanxade.

À l'écouter, la transformation de son groupe est loin d'être achevée, car « *une entreprise digitale doit sans cesse se remettre en cause* ». Plus qu'une conduite du changement, les entreprises doivent donc se préparer à mettre en place une culture du changement.

22. Kerpro

Olivier Croix est membre du directoire du Groupe Kerpro (sociétés Sonamia, Monroc, Agri Pneus, Sofrap – Point S), basé à Basse-Goulaine en Loire-Atlantique (44). Cette holding familiale, spécialisée dans la fabrication et le négoce d'équipements « off-road » (matériels dont l'usage principal est en dehors des routes, par exemple sur terrains accidentés) compte aujourd'hui 277 salariés et réalisait, en 2017, un chiffre d'affaires de 95 millions d'euros.

Pouvez-nous résumer l'histoire du Groupe ?

L'activité de Kerpro a débuté au début des années 1960. Elle a été initiée par Roger Monvoisin, mon grand-père par alliance, un pur commerçant. À l'origine, il faisait du négoce de pneus, puis il s'est mis à vendre des roues complètes, et ensuite des essieux. Il touchait alors les constructeurs de machines. Roger se lance dans l'aventure de la production avec le rachat de l'atelier qui fabriquait les essieux pour lui, en 1971. MONROC, spécialiste de la conception et fabrication d'essieux, de freins et de suspensions pour le matériel agricole et industriel est né.

Par la suite, l'activité de grossiste en roues et pneumatiques a été scindée, avec la création de SONAMIA (en charge de l'activité BtoB) et du réseau Point S (en charge de l'activité BtoC). En 2015, le Groupe s'est encore agrandi avec l'acquisition d'Agri Pneus, un semi-grossiste dans la Somme. Et, le 1er janvier 2018, nous avons lancé MyOptimo, notre première activité spécialisée dans le service et les nouvelles technologies.

Qu'est-ce qui fait que, après près de 60 ans d'existence, un groupe comme Kerpo se lance dans les services, par le digital ?

Je pourrais vous raconter une belle histoire et habiller les choses, en disant qu'il s'agit avant tout d'innover, d'être offensifs... Bien sûr, nous souhaitons anticiper l'avenir, mais, très franchement, ces décisions ne sont pas uniquement offensives. Elles sont aussi défensives : il y a une menace et il nous faut réagir.

Les métiers du négoce et du commerce traditionnel vont souffrir, face à des Amazon ou autres. La vente n'est pas la seule concernée, puisque même la partie « opérations », comme la logistique, sera touchée. Cette partie va certainement mieux survivre, mais sous la houlette d'un ou plusieurs mastodontes donneurs d'ordre qui dirigeront les choses. Est-ce que nous avons envie de ça ? Je ne pense pas.

Simultanément, certains de nos fournisseurs, en particuliers les manufacturiers de pneumatiques ont un véritable appétit de croissance. Ils ont un souhait de maîtriser l'ensemble de la chaîne de valeur. Donc, **si nous voulons survivre, nous devons nous différencier, nous rendre indispensables.** Et cette différence, nous allons la chercher dans le service, et plus précisément dans un service digital qui doit être un supplément au produit, lui ajouter de la valeur. Au final, notre objectif est de trouver le service qui « augmentera » le produit.

Justement, comment le service MyOptimo « augmente » le produit selon vous ?

MyOptimo part d'une solution existante de capteurs de pression dans les pneus, que nous adaptons à notre métier de l'off-road. L'objectif est que, lorsque le constructeur ou concessionnaire vend un service MyOptimo en plus du pneu, il accède à un suivi du produit. Un suivi qui l'aidera tout au long de la vie du produit en question.

Dans les faits, comment s'est passé le lancement du service MyOptimo ?

Nous avons créé une structure le 1er janvier 2018 et débloqué des fonds pour développer une première application MyOptimoEasy. Et puis, au cours de l'année, nous avons eu l'opportunité d'entrer au capital d'Ekolis, une société spécialisée dans le suivi de semi-remorques routiers. L'activité est complémentaire à la nôtre et l'objectif de 2019 est de déployer cette solution sur notre métier, en off-road.

Est-ce facile, pour une PME traditionnelle, de travailler avec une startup ?

Non, bien sûr que non, Ne serait-ce que parce que lorsque l'on investit dans une startup, on mise sur un bilan « en devenir », pas sur du résultat direct. Or, nos sociétés ne sont pas habituées à ce grand écart de valorisation.

Et cet écart existe sur pas mal d'autres sujets. Par exemple, faut-il « *mettre de la startup dans l'entreprise traditionnelle* » ? Peut-on d'ailleurs y arriver ? Pour nous, ce n'est pas le cas. Ne serait-ce que parce qu'Ekolis et notre Groupe ne sont pas situés dans un même espace géographique, mais il me paraît évident que tout industriel y pense lorsqu'il investit dans une start up.

Mais bon, même si cet investissement demande beaucoup de démarches, de gros budgets d'avocats, un an après, je suis heureux de notre décision, et c'est déjà pas mal !

Si on en revient au lancement de MyOptimo, qui était à l'origine du projet ?

Je serai tenté de dire que, *malheureusement*, c'était mon idée. Je pense que nous avons encore du mal, dans nos PME traditionnelles, à faire émerger des équipes les initiatives ou à être à l'écoute de celles-ci.

Mais, je ne suis pas fataliste, bien au contraire. Les choses changent et assez vite. J'ai sincèrement confiance en notre capacité à donner envie aux équipes de bouger les choses, de leur faire prendre conscience qu'elles ont bien davantage leur mot à dire qu'elles ne le pensent.

Forcément, tout cela demande du temps, mais à l'échelle d'une entreprise, ce n'est rien. Chez nous, par exemple, je ne pense pas que la vision soit à vingt ans. À mon avis, à une échéance de quatre années, on aura atteint de bons résultats.

Mettez-vous des choses en place pour faire émerger les idées et accroître l'écoute ?

Il y a deux ans, nous avons lancé à MONROC les ateliers « Lâchons les freins ». Ce sont des ateliers libres, qui peuvent aborder tous les sujets imaginables, jusqu'à la stratégie même de l'entreprise. Ces ateliers sont coordonnés par un leader, nommé par sujet, qui a en quelque sorte le rôle de chef d'orchestre. Ils marchent bien, donnent de l'énergie à l'ensemble. Quelques idées ont émergé, encore assez terre à terre (sur les modes de consommation de l'usine, l'organisation de l'atelier, l'aménagement des bureaux), mais je suis confiant dans le fait qu'il y aura, demain, des idées stratégiques nouvelles.

Dans cette dynamique d'évolution, au-delà des idées, quel est le principal frein auquel vous êtes confronté au quotidien ?

J'ai l'impression que les gens imaginent souvent que notre principal problème est d'être situé en pleine Vendée, assez loin des villes dynamiques, qui attirent les jeunes collaborateurs. Mais, au final, le recrutement de jeunes talents est un faux problème. Pour deux raisons principalement.

D'abord, parce que sur nos activités traditionnelles, les talents existent en Vendée. Nous bénéficions d'un territoire où les gens travaillent bien et sont impliqués. Sur des métiers techniques, il y a de bonnes formations pour les jeunes. Sur des métiers plus proches du digital, comme le requiert notre nouvelle activité de service, nous avons trouvé une solution simple, en nous rapprochant de Nantes.

Ensuite, parce que **le véritable frein à notre transformation n'est pas l'âge, mais la mentalité**. J'ai longtemps pensé que la capacité à évoluer était une caractéristique plus présente dans les jeunes générations, mais la réalité terrain me prouve le contraire.

Donc, pour revenir à la question, notre principal frein est le changement des mentalités, à commencer par la mienne.

Qu'est-ce qui est si difficile à changer dans ces mentalités ?

Il faut accepter d'avancer dans un territoire inconnu, accepter de dire que la sacro-sainte vérité autour du business plan à dix ans n'existe plus. Au-delà de deux ans, en vérité, on ne sait plus !

Et cela concerne toutes les mentalités, la mienne, celle des actionnaires, celle des salariés… parce que nous sommes tous touchés, à nos différents niveaux. Au niveau de la direction, par exemple, nous devons accepter de changer les ratios, de croire en de nouveaux modèles de décision. Et, pour y arriver, nous sommes tous engagés dans un combat quotidien contre les habitudes, contre la peur même. Celle de l'inconnu, mais aussi celle de rater quelque chose, à cause d'une mauvaise décision ou par absence de décision.

Et comment est-ce qu'on y arrive ?

Il m'est sincèrement difficile de donner des leçons... Déjà, je ne suis pas sûr d'opérer cette évolution de mentalité si bien moi-même. J'essaye, notamment parce que mon métier me passionne et que son avenir attise ma curiosité chaque jour. Mais je pourrais passer un temps dingue à faire autre chose que mon boulot initial, à être en veille sur tout, à lire toutes les ressources disponibles. Ce changement est passionnant, mais aussi parfois fatigant. À nous, dirigeants, de réussir à garder de la batterie.

Quel est votre prochain défi ?

Le prochain sujet va se situer au niveau de la transformation des processus de vente. Autant l'évolution des équipes de production est simple, puisqu'un besoin est souvent comblé par un recrutement, autant l'évolution des équipes commerciales est complexe, puisque toute la force de vente est impliquée. Nos commerciaux vendaient des produits, demain, ils vont aussi se retrouver à vendre de l'immatériel, un abonnement mensuel pour un service !

Donc, après avoir fait bouger les mentalités et convaincu les décideurs, et une fois le projet lancé, il va falloir transformer les investissements en succès, en ventes. Un autre challenge !

23. Saint-Gobain

Mathilde Hébert est Customer Experience & Digital Marketing Director du Groupe Saint-Gobain, l'un des plus anciens groupes industriels français, dont la création remonte à 1665. Celui-ci compte désormais 180 000 collaborateurs dans 67 pays, pour 41,8 milliards d'euros de chiffre d'affaires en 2018.
Spécialiste des matériaux, Saint-Gobain réalise plus de 80 % de son activité sur le marché de l'habitat, et compte une large gamme de produits pour la construction, de vitrages pour les bâtiments et de solutions hautes performances. 45 % de son activité sont réalisés dans la distribution, essentiellement BtoB.

Depuis sa création en 1665, Saint-Gobain a connu de nombreuses transformations : comment le Groupe prend-il aujourd'hui le virage du digital ?

Saint-Gobain est actuellement en pleine réinvention, avec la mise en place d'un plan de transformation, « Transform & Grow », annoncé en novembre 2018. Son objectif est de tirer le plein bénéfice des atouts du Groupe (des marchés robustes, des capacités industrielles fortes, une capacité d'innovation reconnue, un portefeuille de solutions extrêmement solides…) afin de renforcer notre compétitivité et augmenter notre croissance. **Trois facteurs clés de succès ont été identifiés et sont sans cesse réaffirmés : la proximité avec le client, la transformation digitale et l'agilité.**

Le numérique est donc au cœur de nos préoccupations, au quotidien, que ce soit vis-à-vis des clients (ce qui mon sujet), mais aussi des collaborateurs, avec des enjeux de digitalisation des processus internes et de la production.

Le titre de votre poste associe d'ailleurs « expérience client » et « digital » : pourquoi ce choix ?

C'était un souhait de ma part, car voir une dimension « expérience client » donne du sens au digital. Le digital est un moyen. Il faut avant tout avoir une approche stratégique orientée client et business, et ensuite, seulement, on peut mettre en place le meilleur écosystème digital autour de ces objectifs.

En tant que « Customer Experience & Digital Marketing Director », quelles sont vos missions ?

Mes équipes ont pour vocation d'aider les différents pays et métiers de Saint-Gobain à construire des écosystèmes digitaux orientés « clients », dans une acception très large du terme. Les clients, ce ne sont pas seulement ceux qui payent la facture à la fin, mais ce sont tous ceux qui peuvent influencer d'une manière ou d'une autre l'achat. Nous parlons d'ailleurs de « parcours clients » au pluriel : un client peut avoir différents parcours et un business de Saint-Gobain pourra avoir une multitude de clients différents.

Par exemple, si une tour se construit à La Défense, l'architecte va avoir un pouvoir de prescription très fort, mais ce n'est pas lui qui va acheter les matériaux. Il faut pourtant qu'on arrive à lui parler.

Notre rôle est aussi de faire remonter les bonnes pratiques qui émergent au sein du Groupe. Au Danemark, par exemple, le travail de notre filiale de distribution, Brodrene Dahl est exceptionnel : chaque année nous faisons un point ensemble, et chaque année, ils ont encore avancé. Ils vont très loin dans l'intelligence artificielle et la compréhension des données, au service du business. Cela nourrit le reste du Groupe.

Quels sont les enjeux et les difficultés liés à la digitalisation dans votre secteur ?

Avec la digitalisation, les prix sont devenus transparents, surtout pour le consommateur final. Nos clients professionnels, qui sont notre cœur de cible, avaient pour habitude de marger sur les produits quand ils faisaient un devis pour leurs clients. Ils se trouvent maintenant dans la difficulté de devoir vendre différemment leurs services. Nous essayons donc de les accompagner pour les aider à valoriser leurs savoir-faire, plutôt que de vendre des produits. C'est un changement profond à opérer pour eux.

Pour répondre notamment à ces enjeux, **tout l'organigramme de Saint-Gobain a été revisité fin 2018, avec une nouvelle organisation par marchés, dont l'objectif est d'être plus proche de nos clients**, pour faire plus simple et être plus agile, en intégrant le digital à tous les niveaux.

Concrètement, comment accompagnez-vous vos clients face à ces enjeux ?

La distribution de Saint-Gobain est essentiellement (à part Lapeyre et K par K en France) à destination des professionnels du bâtiment (artisans, entreprises générales du bâtiment…). Pourtant, avec la digitalisation, le consommateur final a de plus en plus de pouvoir de prescription et d'influence sur les décisions d'achat. Nous prenons en compte ces évolutions depuis plusieurs années, et nous raisonnons de plus en plus en BtoCtoB : c'est-à-dire comment aider notre client professionnel à être encore plus performant face à son client, comment le renforcer et lui faciliter la vie face au client final.

Un exemple concret en France, c'est le site Saint-Gobain.fr, qui s'adresse aux particuliers pour dynamiser l'activité des professionnels du bâtiment et promouvoir les solutions innovantes du Groupe et de ses partenaires industriels. Il a l'ambition de donner envie aux Français de se lancer dans des travaux d'aménagement et de rénovation et leur permet de trouver l'inspiration, formaliser un projet, trouver les bons artisans, décoder les devis ou de bénéficier d'éventuelles aides fiscales... Saint-Gobain propose ainsi un accompagnement de A à Z aux particuliers pour leurs projets, ce qui ouvre la voie à de nouveaux business models.

Justement, quels sont les nouveaux modèles économiques que vous imaginez autour de cette notion de service et de conseil ?

Notre offre « Homly You » est un bon exemple d'un nouveau modèle de revenus autour du service : il s'agit d'une marque et d'une offre de services à destination des particuliers, pour faciliter la réalisation de leur projet avec les meilleurs professionnels du bâtiment. Nous transmettons les projets à des professionnels reconnus, fiables et qualifiés : ce sont des artisans qui ont signé une charte qui leur impose de contacter les particuliers dans les 48h après avoir reçu la demande de mise en relation, adresser un devis clair, transparent et détaillé par pièce ou par corps d'état, ainsi qu'à respecter les délais annoncés.

Cela nous permet de capitaliser sur notre connaissance des artisans, bien mieux que des *pure players* qui n'ont pas ce lien établi. À Paris et Lyon, il est même possible de bénéficier de l'accompagnement d'un expert projet Habitat pour l'ensemble des démarches en amont de son projet, la sélection des meilleurs acteurs du bâtiment pour sa réalisation, la gestion de la relation entre les différents intervenants du chantier pour son bon déroulement.

Quel est le modèle économique de cette offre de service ?

Les artisans référencés payent un abonnement et une commission pour chaque mise en contact. Certains services à valeur ajoutée peuvent aussi être facturés aux particuliers.

Le Groupe Saint-Gobain a la particularité d'être actif aussi bien dans la production et dans la distribution : comment ces deux activités se nourrissent-elles mutuellement ?

La digitalisation fait qu'il y a des projets communs à imaginer, où les intérêts se rejoignent, comme le montre l'exemple du site SaintGobain.fr. Mais le principe d'indépendance de la distribution et de l'industrie reste un sujet clé chez nous : l'industrie vend à la distribution de Saint-Gobain et aux concurrents, la distribution vend les produits fabriqués par les marques industrielles de Saint-Gobain et de ses concurrents.

Néanmoins, nous avons potentiellement des projets communs entre industriels et distributeurs, par exemple pour partager des compétences techniques digitale et e-commerce, pour mutualiser de la logistique pour des chantiers ou travailler sur la préfabrication, sans que cela ne remette en cause l'indépendance entre ces deux métiers.

Dans cette transformation, autant « client » que « digitale », quel est le principal frein rencontré ?

Le principal défi, au-delà du changement d'organisation, est d'arriver à transformer la culture. Le plan « Transform & Grow » a changé toute l'organisation, ce n'est pas uniquement du digital.

Il montre que pour développer la proximité client, il faut un plan d'envergure.

Il est aussi important d'avoir des structures centrales fortes, car il est difficile de mettre la pression au quotidien sur les filiales au sujet des chiffres et des résultats, tout en leur demandant de changer leur culture et leur état d'esprit. C'est à nous, au siège, de tester et de mettre en place les bonnes méthodologies, les bons outils, ceux qui sont adaptés à nos problématiques internes. Nous devons être des catalyseurs du changement.

Quelles sont les différentes initiatives du Groupe pour faire évoluer sa culture ?

Le Groupe investit depuis longtemps dans des programmes de formation.

Des *e-learning* ont été déployés auprès de l'ensemble des collaborateurs, pour les accompagner dans un « voyage numérique » afin de développer la culture digitale de chacun. Des programmes de formation spécifiques ont également été développés et adaptés pour chacun des métiers : marketing, finance, ressources humaines… Sur les deux dernières années, nous avons recruté environ 300 collaborateurs ayant des profils « digitaux ».

Des initiatives de *reverse mentoring* ont été mises en place pour que les générations *digital natives* puissent apporter leurs connaissances à nos collaborateurs plus seniors. Une Digital Academy a été mise en place afin de renforcer la culture du numérique partout dans le Groupe, pour que les professionnels du digital continuent à se développer et approfondir leurs connaissances, pour accompagner les managers dans la transformation de leurs activités et pour identifier les talents cachés.

Comment arrivez-vous à attirer les talents du digital, qui ont envie de travailler pour une startup ou une entreprise *tech*, plutôt qu'un groupe industriel de 350 ans ?

Si je suis resté seize ans chez Saint-Gobain, c'est parce que j'ai changé de poste tous les deux ou trois ans. J'ai été dans les ventes, le marketing BtoB et BtoC, dans l'industrie, dans la distribution, au niveau opérationnel et au siège... Avec toutes les activités différentes du Groupe, nous avons la chance de pouvoir faire des carrières incroyables. J'ai commencé dans l'industrie lourde, dans le verre. Aucune entreprise en externe n'aurait regardé mon CV pour un poste de directrice marketing en BtoC, et c'est pourtant le poste suivant que l'on m'a proposé.

C'est une chance qui à mon avis n'existe nulle part ailleurs. Alors, certes, il peut sembler très attractif pour certains de travailler chez Google, mais, une fois la confiance installée chez Saint-Gobain, une multitude de parcours exceptionnels peut s'ouvrir.

D'ailleurs, qu'est-ce qui vous a donné envie de travailler dans l'industrie ?

J'ai toujours voulu travailler dans l'industrie, par conviction. Quand on investit dans un four verrier, on investit pour vingt ans, cela forge un rapport à l'humain et aux différents sujets qui s'inscrit fondamentalement dans le temps long. Le marketing dans l'industrie était aussi un domaine qui était encore à conquérir lorsque j'ai commencé ma carrière. J'étais profondément motivée par la conduite du changement, faire bouger les lignes : je ne me voyais pas faire un parcours classique dans le marketing en grande consommation.

24. CETIH

François Guérin est le directeur général du Groupe CETIH, fabricant de portes et de fenêtres, devenu progressivement un multispécialiste de l'habitat. Le Groupe compte sept marques, dont une en création, et emploie 1 300 salariés. Son chiffre d'affaires s'élevait à 215 millions d'euros en 2018.

L'histoire de CETIH semble s'être fortement accélérée ces dernières années, avec plusieurs rachats, ainsi que l'investissement dans la fabrication de panneaux photovoltaïques. Pourquoi adopter cette stratégie plus offensive ?

Nous sommes dans une période de profonde mutation sociétale, c'est plus qu'une simple crise, c'est une période qui génère davantage de doutes que de certitudes. Le modèle actuel n'est plus tenable et les changements seront profonds que ce soit au niveau sociétal ou environnemental. Au regard de cela, nous avons compris que fabriquer uniquement de la porte d'entrée n'était plus suffisant, que nous devions élargir notre mission à une stratégie plus globale et qui prend en compte les mutations en cours.

Dans ce cadre, vous avez annoncé en 2018, le lancement du projet Koov, un concept store dédié à la rénovation énergétique de l'habitat...

Koov est une offre complète de la rénovation, qui débute par un diagnostic sur un site Internet, jusqu'à l'achat du produit final et son installation. Un parcours « phygital ». Il est global et concerne les solutions impactantes de l'habitat. Nous étions en veille, depuis un moment, sur des plateformes digitales qui font le lien entre l'artisan et le client final, en sachant que, même si les volumes sont aujourd'hui très faibles, certains acteurs pourraient émerger. Nous avons décidé d'avancer par nous-mêmes.

À terme, cette entité pourrait vendre des produits qui ne sont pas fabriqués par le Groupe ?

Oui, nous avons des développements et des partenariats avec des groupes comme Poujoulat, De Dietrich, Delta Dore. En tant qu'industriels, nous sommes bien placés pour créer le plus court chemin entre un produit et son consommateur, en mettant à disposition des intermédiaires les outils et les connaissances. D'où, par exemple, l'ouverture d'un centre de formation, à destination des professionnels, dont les premières formations démarrent

Cette stratégie est-elle liée à la crainte de voir émerger de nouveaux acteurs ou intermédiaires sur votre marché, notamment issus du digital ?

Si on réfléchit à très court terme et d'une manière générale, nos modèles de ventes ne sont pas vraiment en danger. On parle souvent d'ubérisation, de désintermédiation, de lancement de gros e-commerce, mais nous avons la chance d'être sur des modèles qui ne se « désintermédient » pas si facilement. Parce qu'il y a des normes, que nos produits sont parfois volumineux et fabriqués sur mesure, et que la pose reste une contrainte. Et on le voit bien, nos premières incursions en e-commerce sont difficiles.

Aujourd'hui, on comprend que l'essentiel réside dans l'ensemble des services digitaux que l'on peut proposer autour de nos produits. L'enjeu est d'être plus fluide et plus attractif. Si je prends l'exemple d'un site Internet, il doit être optimisé dans son expérience, pourquoi pas contenir de la simulation par réalité augmentée ou un support par chat. L'enjeu réside donc dans notre capacité à accompagner le client, tout au long du parcours, avec des outils digitaux qui permettent d'être efficaces. Et c'est ce que fait Koov, avec ce chemin raccourci : une tête de réseau, un centre de formation, des franchisés à terme, etc.

À quel moment ces sujets numériques sont-ils devenus un enjeu pour vous ?

En 2015, un ancien directeur d'usine est venu me voir avec une double planche de BD qui expliquait sa vision de ce qu'il fallait changer dans l'entreprise. On s'est rendu compte qu'il était la bonne personne pour faire évoluer les choses. J'ai donc débuté un premier plan de trois ans… et, cinq ans après, j'ai l'impression qu'il en reste encore plus à faire ! Je n'avais pas imaginé qu'il nous aurait autant fallu déconstruire pour avancer. Nous avions, en réalité, un ensemble de solutions informatiques non structurées, pas complètement interconnectées. De manière imagées, il a fallu tout décabler, puis tout recabler. Tout en sachant que nous étions une entreprise à l'approche plutôt artisanale, car sans processus écrit, il a aussi fallu rédiger.

Qu'est-ce qui est le plus difficile dans cette démarche ?

Il y a au moins trois choses. D'abord, faire la feuille de route et sélectionner les bonnes priorités pour éviter un engorgement des projets. Ensuite un point très difficile, revoir l'organisation pour les projets, il faut tout doublonner : créer des chefs de projets côté métier, mais aussi côté systèmes d'information. Ensuite, et c'est lié, réduire la fatigue des équipes face à tous ces projets en accompagnant les changements.

Comment faites-vous pour accélérer les choses malgré ces contraintes ?

Au quotidien, parmi les solutions qui fonctionnent très bien, nous avons notamment la présence en interne de deux personnes en charge de l'accompagnement des organisations. Ce sont des ingénieurs, avec une vraie sensibilité humaine et environnementale, que l'on a formés. Il y a également la présence d'un motion designer qui, en créant des films et vidéos, permet d'améliorer la communication.

La création d'une Direction de l'expérience client en 2018 est-elle aussi une réponse à ces enjeux ?

Oui, tout à fait. Cette direction, d'ailleurs relayée par un comité de l'expérience client tous les deux mois, donne beaucoup de cohérence, sur l'ensemble du parcours client. En commençant par le marketing, puis le service client, la logistique, le SAV.

Il est difficile d'agir en transversal et de prendre en compte toute l'expérience client, il était temps de créer ce type de direction pour piloter les choses, pour nous permettre d'être plus fluides et plus robustes dans nos développements.

Partie 10

S'inspirer des entreprises digital natives

Alors que le *made in France* connaît un retour en grâce aussi bien dans la mode, la cosmétique ou l'alimentaire, le pays serait-il à l'aube d'un renouveau industriel ? Les raisons d'être optimistes dépassent le cadre de ces quelques secteurs : avec des initiatives comme celle de la « French Fab » et le développement de startups prometteuses, une nouvelle culture industrielle est sur le point d'émerger.

Intégrer les nouveaux usages, mais aussi les nouvelles attentes

Les consommateurs se montrent de plus en plus exigeants sur la traçabilité et la transparence des biens qu'ils achètent : chaque année, ils expriment une préférence croissante des produits plus sains, plus locaux et plus durables. Ce mouvement de fonds a des répercussions sur toute la chaîne de valeur de la production industrielle, et représente autant d'opportunités pour tous les acteurs, qu'ils soient pluri-centenaires ou jeunes pousses à peine sorties d'un incubateur.

Néanmoins, les startups sont celles qui l'ont le mieux compris : elles se saisissent rapidement des sujets qui préoccupent les consommateurs, comme le local, la transparence ou le développement durable, réinventant par là même les façons de produire et de vendre. Joone, dans l'hygiène-beauté, Gemmyo, dans la joaillerie, ou Sensee, dans l'optique, sont trois exemples, parmi beaucoup d'autres, de jeunes entreprises innovantes qui ont émergé au cours des dernières années, grâce au e-commerce, aux réseaux sociaux et au pouvoir du bouche-à-oreille.

Celles-ci ont pour particularité d'être nées avec le digital et d'en maîtriser les codes, de prendre en considération le client et ses usages, de jouer sur la transparence et l'innovation, sans hésiter à aller à l'encontre des habitudes de leurs secteurs. « *Nos pratiques ne sont pas du tout dans les habitudes des industriels, mais l'engagement de transparence se développe de plus en plus. Les choses évoluent, mais au début, tous nous ont claqué la porte au nez, en disant que nous étions fous* », raconte Carole Juge-Llewellyn, fondatrice de la marque de produits pour bébés Joone.

Agilité et frugalité, nouveaux atouts à développer

L'une des différences majeures entre grands groupes et startups tient à l'agilité et à la rapidité d'exécution, comme le souligne Pauline Laigneau, la fondatrice de Gemmyo : « *Sur notre marché, tout le monde mise sur la créativité et l'innovation. Mais parler d'agilité lorsque l'on met un an et demi pour sortir une campagne marketing est une blague !* ».

Pour autant, cela ne signifie pas qu'il est impossible aux grands groupes de revoir leurs pratiques pour gagner en agilité, comme l'illustre l'exemple d'Eramet. « *Parmi les nombreuses idées qui se sont déjà concrétisées, nous avons travaillé avec une startup au Gabon, pour permettre un meilleur remplissage des trains et augmenter les fréquences de rotation, grâce à une application et quelques bornes wifi. Ce projet nous a coûté quelques milliers d'euros là où il y a quelques années, nous aurions plutôt pensé à acheter une locomotive et des wagons supplémentaires* », raconte le Chief Digital Officer du groupe minier, Ludovic Donati.

Même approche chez Socomore, ainsi que le raconte Benoît Marcesche, le Digital Officer du Groupe : « *Nous avions le choix entre développer un outil de commande en ligne pour toutes nos structures ou uniquement pour la filiale américaine. En interrogeant nos clients sur les différents marchés nous avons compris que l'important était d'avancer pour les clients américains, en priorité. Nous avons donc mené rapidement le projet, à partir des besoins des trois gros clients de la structure américaine. Pour nous, être pragmatiques, c'est aussi être "orienté client". Nous ne sommes pas toujours obligés de penser groupe* ».

Les startups dynamisent l'écosystème industriel, et inversement

Si elles se veulent « verticales », les startups vont très rarement jusqu'à maîtriser la production, préférant s'appuyer sur un tissu industriel déjà éprouvé pour gagner en flexibilité et se concentrer sur la conception des produits, la distribution et la communication. Ce faisant, elles participent au dynamisme de l'écosystème industriel hexagonal. « *Il y avait de nombreux fabricants qui périclitaient lorsqu'on a commencé à travailler avec eux. Aujourd'hui on les voit reprendre du poil de la bête, racheter des machines, agrandir leurs ateliers : ça fait plaisir* », s'enthousiasme ainsi Angélique Lenain, la directrice générale de Sensee.

Le schéma est identique chez Gemmyo qui, après de très longues recherches, a fini par trouver un atelier de production dans les Vosges, dirigé par un entrepreneur plus jeune, à la tête d'une entreprise sur le déclin, confrontée à un marché international (et notamment chinois) morose. Aujourd'hui, l'entreprise s'appuie sur cinq ateliers différents, tous basés en France.

À l'inverse, il est également intéressant de suivre la prise de participation du Groupe Pierre Fabre dans la jeune marque MÊME. Son directeur général, Éric Ducournau, est particulièrement fier des liens tissés avec elle : « *Parce qu'elle vend en ligne ses produits, l'entreprise a obtenu un niveau de connaissance de ses consommatrices qui est inimaginable. Elle a même multiplié ses ventes par quasiment cinq sur l'année écoulée, entre autres parce qu'Avène lui a ouvert et présenté son réseau commercial en pharmacie* ».

De nouveaux chantiers...

Le *made in France* et la transparence ne sont pas les seuls sujets porteurs pour l'industrie : la maîtrise de l'impact environnemental est aussi une thématique sur laquelle les startups se positionnent. Mais celles-ci ne sont pas les seules à le faire : les groupes plus établis leur emboîtent le pas. Par exemple, dans le Nord, le spécialiste du textile UTT développe des procédés pour le recyclage des matières premières. Son dirigeant, Denis Marchant, explique ce choix : « *Nous concevons déjà du fil recyclé à partir de jeans ou de plastique. Le recyclage est un sujet très important pour la suite de l'entreprise, peut-être qu'il nous portera totalement demain. Un système où on achète et on jette au bout de trois utilisations est arrivé au bout de son chemin* ».

Cette prise de conscience environnementale est de plus en plus forte, non seulement chez les startups, mais aussi chez les grands groupes. Les principes du plan stratégique d'ERAM, « Change for Good » en sont l'illustration parfaite, comme le décrit Renaud Montin, le Directeur de la transformation numérique du Groupe ERAM : « *L'évolution de nos business models doit avoir un impact positif pour à la fois le client, le collaborateur et notre environnement de manière générale* ».

25. Sensee

Angélique Lenain est la directrice générale de Sensee, le trublion du marché de l'optique, lancé en 2012 par l'entrepreneur du web Marc Simoncini (iFrance, Meetic). Après s'être fait connaître par un discours virulent contre les acteurs établis, la startup s'est assagie et a revu son modèle, pour adopter une vision omnicanale et une fabrication de ses montures 100 % made in France, grâce à des fournisseurs du massif du Jura. Aujourd'hui, Sensee est représentative des nouvelles marques verticales, qui entendent maîtriser l'ensemble de la chaîne de valeur, de la production à la distribution, tout en revalorisant le savoir-faire industriel français.

Comment a débuté l'aventure de Sensee ?

En 2010, je travaillais avec Marc Simoncini au sein de son fonds d'investissement, Jaina Capital. L'un des premiers dossiers qui est arrivé sur mon bureau était celui du rachat de LentillesMoinsCheres.com. En étudiant le marché, nous avons fait le constat qu'il était intéressant, mais trop petit et pas infini, alors que celui des lunettes semblait plus porteur. À l'époque, le marché de l'optique représentait 6 milliards d'euros par an (6,5 aujourd'hui). En découvrant le secteur, nous sommes tombés de notre chaise : les pratiques étaient très opaques, avec des niveaux de marge extrêmement importants et peu d'acteurs.

Surtout, il y avait un phénomène étonnant : les lunettes étaient « gratuites », car remboursées par les mutuelles. Naturellement, les clients cherchent à en avoir un maximum pour leur argent, donc les prix des lunettes augmentent, les clients demandent de meilleurs remboursements à leurs mutuelles, qui augmentent donc les cotisations… On marchait sur la tête !

Et par ailleurs, on n'observait aucune transformation digitale dans le secteur, alors que les Américains, les Canadiens et les Scandinaves commençaient déjà à bouger.

C'est pour toutes ces raisons que vous avez créé une nouvelle marque...

Oui, mais **nous avons fait une erreur, nous avons pêché par arrogance : nous nous sommes dit que c'était facile de faire un *pure player* de la lunette**. Nous avons décidé de vendre des lunettes de grande qualité, 100 % en ligne, mais deux fois moins chères que les concurrents. Le premier site est sorti en 2012, puis nous avons commencé à communiquer en 2013... avec une malchance incroyable : nous avons tout misé sur les lunettes de soleil, la seule semaine d'avril où il n'y a pas eu de soleil. Puis nous avons subi des problèmes d'approvisionnement : tel fournisseur n'avait bizarrement plus de stock pour nous, on commandait en avril, mais on ne pouvait être livré qu'en octobre, etc... Mais surtout, les gens n'étaient pas prêts à suivre un parcours 100 % en ligne pour acheter des lunettes.

Comment avez-vous rebondi face à ce constat d'échec ?

Nous avons tout repris de zéro, avec beaucoup plus d'humilité. Nous avons gardé la promesse, celle du rapport qualité-prix imbattable pour des produits de haute qualité. La seule solution pour y parvenir de façon intelligente était de créer une DNVB, une « Digital Native Vertical Brand », pour reprendre un concept américain, en intégrant la totalité de la chaîne de valeur. Nous avons donc maintenant des fabricants qui produisent pour nous selon notre propre cahier des charges : les prototypes sont dessinés à Paris, puis produits à Oyonnax, dans l'Ain, et les verres sont assemblés à Strasbourg dans notre laboratoire central.

De la conception du produit, jusqu'à la distribution dans nos boutiques et sur notre site Internet, il n'y a pas d'intermédiaire, ce qui évite la multiplication par trois ou cinq du prix à chaque étape. 100 % de nos lunettes sont « Origine France garantie » et leur rapport qualité-prix est imbattable.

Comment sélectionnez-vous vos partenaires pour la conception des montures ?

Pour produire en France, nous avons déjà dû trouver des partenaires qui acceptent de le faire pour Sensee. Au début de notre activité, nous avons eu des prises de parole assez fortes, nous avons été considérés comme des fauteurs de trouble. Beaucoup de fournisseurs ont eu l'interdiction de travailler avec nous... Nos premiers partenaires ne pouvaient pas dire qu'ils nous fournissaient. Dans ce contexte, le label « Origine France Garantie » nous a beaucoup aidés : il permettait de certifier la provenance de nos produits sans en dire trop sur nos fournisseurs.

Il y avait de nombreux fabricants qui périclitaient lorsqu'on a commencé à travailler avec eux. Aujourd'hui on les voit reprendre du poil de la bête, racheter des machines, agrandir leurs ateliers : ça fait plaisir. Au-delà de nous, il y a tout un mouvement de relocalisation de la production en France.

Avoir votre propre usine afin de verticaliser vraiment toute votre activité aurait-il un sens pour Sensee ?

C'est compliqué, car il faudrait atteindre une taille critique et réinternaliser un métier de plus, alors que nous venons du digital. En plus, selon le type de monture, il faut différentes usines. Mais effectivement, en fonction des volumes, cela pourrait devenir intéressant, car c'est le dernier maillon de la chaîne que nous n'avons pas intégré.

Vous êtes aussi revenus sur le principe d'une vente 100 % en ligne...

Oui, nous avons également repensé la distribution, en associant web et boutiques. Nous avons beaucoup appris de nos erreurs : faire uniquement du web, en fait, c'est ringard. **En 2012, avoir un seul canal de distribution, c'était en fait aussi ringard que d'avoir un magasin sans aucune présence en ligne.**

Comme nous ne connaissions rien aux boutiques, nous avons repensé le concept, la marque, le modèle… en nous entourant de gens compétents. Nous avons enlevé tout ce que nous détestions dans l'expérience client : les montures à essayer avec des antivols dessus, les miroirs tous petits, le petit bureau au fond de la boutique pour faire le devis... tous ces éléments-là ont été enlevés, pour créer une convergence entre le parcours en ligne et l'expérience en boutique.

Concrètement, comment s'incarne cette nouvelle expérience client en boutiques ?

Par la présentation de l'assortiment d'abord : les montures sont classées par formes, il y a juste le bon nombre de modèles pour répondre à tous les besoins. Ensuite, nous avons installé de très grands miroirs, sur toute la boutique. Le client peut calculer le prix lui-même, comme dans un bar à salades, avec différentes options dont le coût est clairement affiché. Et à la fin, le vendeur est à côté de vous, avec une tablette et tout est transparent.

En parallèle, nous avons réinventé toute l'identité de la marque, avec de la couleur partout, pour faire quelque chose de très joyeux, en jouant sur la bichromie, avec des couleurs qui se répondent. Deux premières boutiques ont été lancées en 2015 sur ce concept, à Paris et Marseille. Fin 2018, nous en avons quatre à travers la France.

Quelles sont les prochaines étapes pour votre marque ?

Il y a encore beaucoup de choses à faire pour développer des synergies entre le digital et le physique, mais aussi entre nos deux activités que sont les lunettes et les lentilles - puisque le Groupe Sensee, c'est aussi LentillesMoinsChères. Nous allons retravailler l'expérience en ligne et visons un maillage raisonnable du territoire, avec une quinzaine de boutiques à terme.

La courte histoire de Sensee est déjà mouvementée : est-ce que vous pensez que c'est plus facile de transformer une entreprise déjà établie ?

Je pense qu'il est plus difficile de détricoter et de retricoter un modèle existant, que de tricoter directement comme nous l'avons fait. Aujourd'hui, c'est compliqué de revoir le modèle quand vous êtes un opticien traditionnel et que vous devez rajouter une marge plus que confortable à vos lunettes fabriquées en Chine pour atteindre la rentabilité… Les marques ne peuvent plus se construire sur ces modèles, aujourd'hui il faut de la transparence. En embauchant directement des gens qui partagent vos valeurs, en partant d'une page blanche comme nous l'avons fait, ça me semble plus facile.

L'accompagnement du changement, c'est une toute autre technicité. Ce ne sont pas du tout les mêmes problématiques, les mêmes moyens à mettre en œuvre, les mêmes qualités à avoir en matière de management. Là où nous sommes en mode commando, il leur faut des armées.

DNVB (Digitally Native Vertical Brands)

Concept américain qui désigne les marques grand public qui émergent grâce aux réseaux sociaux et au e-commerce, et cherchent à contrôler un maximum de leur chaîne de valeur, de la conception des produits à leur distribution.

26. Joone

Carole Juge-Llewellyn est une ancienne professeure d'université : elle a fondé la marque Joone en 2017. Cette startup propose toute une gamme de couches, de produits dermo-cosmétiques et de textiles pour bébés. Sa promesse : des produits sans perturbateur endocrinien, glyphosate et pesticide, aucun chlore, latex, lotion ni parfum, fabriqués en France (à Epinal pour les couches, et à Aix-en-Provence, Brest et Le Mans pour les cosmétiques).

Quel est le concept de Joone ?

Joone est une marque de produits de « family care » 100 % *made in France*. Le cœur de la gamme se concentre sur les couches, vendues par abonnement et livrées tous les mois à domicile. Avant la livraison, les parents peuvent ajouter des produits additionnels à leur commande, comme du textile ou des cosmétiques (eau nettoyante, lait hydratant, gel lavant). Tout est produit en France, même le textile : le fil vient d'Inde, mais il est tissé et imprimé en France.

Vous avez fait le choix de ne pas posséder d'usine, mais de vous appuyer sur des sous-traitants : comment se passe la collaboration ?

Nous les considérons comme des partenaires, en ayant conscience qu'il est très compliqué pour un industriel de travailler avec une startup : soit on commande de toutes petites quantités, donc ce n'est pas très intéressant, soit on monte rapidement en charge, et il faut pouvoir tenir l'augmentation brutale du nombre de commandes… D'autant plus que nous sommes très exigeants : toutes nos usines ont signé notre protocole de transparence, elles s'engagent à dévoiler des informations sur leurs procédés de fabrication, mais sans que cela n'atteigne leur propriété intellectuelle. Nos fournisseurs nous laissent visiter leurs usines, prendre des photos des machines, des vidéos, etc.

Ces pratiques ne sont pas du tout dans les habitudes des industriels, mais cet engagement de transparence se développe de plus en plus. Les choses évoluent. Nous avons mené tout un travail d'éducation : quand vous expliquez les raisons pour lesquelles vous le faites, ils comprennent. Mais au début, tous nous ont claqué la porte au nez, en disant que nous étions fous.

Pourquoi être aussi intransigeant sur cet enjeu de la transparence ?

Aujourd'hui, tous les clients souhaitent être mieux informés. Ils vont spontanément chercher l'information, s'en remettre aux blogueurs, aux médias, aux autres clients. Mais si les marques ne donnent pas d'information, les consommateurs ne peuvent pas avoir accès à l'information. Chez nous, la transparence est au cœur de nos process, nous considérons qu'elle doit être un vecteur de vente.

Contrôles, labels, laboratoires : cela représente des frais élevés, mais ils correspondent à une demande des parents. Je ne les vois pas comme une dépense, mais comme un investissement.

C'est d'autant plus vrai que vous opérez dans un secteur très sensible…

La qualité des produits qu'ils utilisent pour leurs enfants est la principale angoisse des parents. En tant que mère, j'ai commencé à creuser le sujet : c'est une industrie très opaque, où l'information ne circule pas du tout. Un de nos concurrents parle de couches « douces comme le coton » : si on interroge les parents, ils pensent que les couches sont faites en soie et en coton... alors qu'elles n'en contiennent absolument pas !

Mais soulever le problème, c'est bien, encore faut-il apporter une solution. Poser la question de la toxicité des couches pour enfants, ça crée un vent de panique. Notre action au quotidien est bienveillante et vise à apporter du positif. Nous voulons initier un cercle vertueux pour toute l'industrie.

Étant donné les contraintes que fait peser la grande distribution sur les industriels, un tel positionnement est-il économiquement tenable ?

Nous voulons montrer qu'on peut bien faire les choses, tout en faisant en sorte que nous nous y retrouvions financièrement à la fin. Certes, nous sommes 20 à 25 % plus chers que le leader, mais nous ne sommes pas le Burberry de la couche ! **Nous avons fait le choix d'un circuit de distribution extrêmement court, cela nous permet de ne pas être esclaves de la grande distribution.** Si je commence à discuter avec les grandes surfaces, j'aurais sûrement une première négociation intéressante, et puis dans deux ou trois ans, je me retrouverais dépendante d'un distributeur, qui m'obligera à diminuer la qualité de mes produits.

Nous fabriquons des produits de consommation courante, où les marges sont par nature extrêmement faibles. Je ne veux pas rentrer dans les logiques de la grande distribution : mon but est de m'assurer que l'argent que les parents me donnent tous les mois se retrouve dans les produits et dans le service. Cela, je peux le faire uniquement si je suis en mesure de contrôler la qualité de la production et la distribution.

Comment faites-vous pour faire connaître votre marque du grand public ?

Nous nous sommes servis des canaux numériques : Facebook et Instagram principalement. Et comme de nombreuses startups, nous avons fait beaucoup de choses dans le monde physique, pour aller à la rencontre de nos publics. Finalement, c'est surtout le bouche-à-oreille qui nous a fait décoller. Joone est la première marque de couches du monde à avoir publié les analyses toxicologiques de ses produits. On a essayé de nous empêcher de le faire, car ça dérange beaucoup de monde… Notre action a attiré l'attention du ministère de la Santé : on espère qu'on arrivera à tirer vers le haut l'industrie dans son ensemble.

Beaucoup de marques « digital natives », comme Tediber dans les matelas ou Le Slip Français dans les sous-vêtements, commencent par un produit unique, avant d'élargir leur gamme : vous, vous avez fait le choix d'attaquer trois sujets à la fois. Pourquoi ?

Il n'y a pas une seule marque au monde qui opère à la fois dans le domaine de l'hygiène, du textile et de la cosmétique, car il est très difficile d'avoir les trois ensemble, sous le même toit. La raison pour laquelle nous le faisons, c'est que notre communauté est attachée aux valeurs, et pas aux produits. C'est ce qui fait notre singularité. Notre principale vertu est l'exigence, et nous gardons le même niveau d'exigence sur tous nos produits. Quand vous commencez par imposer des standards très élevés dans l'hygiène, tout est ensuite plus facile dans les cosmétiques.

Comment faites-vous pour convaincre vos partenaires de revoir leurs façons de faire pour répondre à vos exigences ?

Il y a beaucoup d'habitudes dans l'industrie, il faut parvenir à faire bouger le statu quo. Quand quelque chose fonctionne, pourquoi prendre le risque de modifier les process ? Les industriels sont rassurés par le fait de reproduire ce qu'ils savent faire, mais ils savent aussi se montrer à l'écoute et évoluer. Il y a encore de grands bastions industriels en France, dirigés par des familles très dynamiques, qui sont heureuses de faire les choses bien.

Nous nous servons aussi de tous nos canaux de communication pour que les gens puissent voir ce qui se passe en coulisses, dans les usines ou les lignes d'assemblage… C'est valorisant pour les collaborateurs, ça devient une source de fierté.

Vous connaissez une forte croissance : comment gérez-vous la montée en charge de l'appareil productif ?

En décembre 2018, nous avons dépassé le cap des 2 millions de couches livrées, nous en livrons dans une quinzaine de pays : tout va très vite. C'est toute la beauté de l'aventure. Pour répondre à la demande, nous devons être extrêmement réactifs. Nous sommes capables de concevoir de nouveaux produits en douze à seize semaines, alors que d'habitude cela peut prendre dix-huit mois ! Faire les choses aussi vite est possible parce que nous avons noué des relations très proches avec les industriels.

Comment envisagez-vous l'avenir de votre entreprise ? Avec vos propres usines ?

Nous tenons à rester cohérents avec ce que nous sommes, en grandissant dans une logique holistique, avec de nouveaux produits et une croissance à internationale, en faisant en sorte que tout cela reste pertinent. Le but n'est pas d'être opportuniste, mais de réussir à maintenir le cercle vertueux que nous avons initié. Faire grossir les capacités de production, étoffer les équipes, ce sont de grands défis, mais ce sont des problèmes que nous traitons avec énormément de plaisir.

Aurez-vous un jour vos propres usines ?

Avoir nos propres usines fera sûrement partie des questions que nous nous poserons un jour, mais si les métiers sont complémentaires, ils sont aussi très différents. Une marque high-tech comme Devialet a ses propres usines, elles lui permettent de produire un son incroyable, que personne d'autre n'est capable de faire. Mais pour ce qui nous concerne, nous sommes dans une situation confortable, parce que nous avons des partenaires de confiance qui sont aptes à grandir avec nous : c'est une situation qui nous convient.

27. Gemmyo

Pauline Laigneau est la directrice générale de Gemmyo. Née en 2011, cette startup propose de la joaillerie de haute qualité, fabriquée à 100 % en France, avec des possibilités de personnalisation. Gemmyo se démarque avec une promesse simple : vendre en ligne des bijoux de luxe à des prix deux à cinq fois moins élevés que ceux des boutiques traditionnelles. Début 2019, l'entreprise emploie 30 salariés.

Pourquoi avoir créé Gemmyo ?

En 2011, obtenir une pièce fabriquée sur-mesure était impossible, sauf chez un joaillier de quartier. Or, tout le monde ne dispose pas d'un joaillier traditionnel à proximité. Nous nous sommes donc dit qu'il fallait rendre l'achat de bijoux plus simple, plus accessible et plus sûr. L'objectif était donc de créer la première marque de bijoux, produits exclusivement en France, et vendus en ligne.

Comment avez-vous réussi à mettre en place votre réseau de fabricants ?

Trouver des ateliers de fabricants a été un cauchemar. Le secteur est particulièrement fermé, notamment pour des raisons de sécurité. Nous avons passé des centaines d'appels à des joailliers de quartiers, avant de réussir à identifier les gros fabricants.

Une fois cette étape passée, les convaincre de produire pour trois petites jeunes, qui ne sont pas du secteur, qui ne vont pas leur prendre tout de suite 15 000 pièces, qui produisent avec des moules créés en 3D et qui, en plus, imaginent vendre sur Internet, a été extrêmement difficile. Nous avons même cru que nous n'allions pas y arriver. Et puis nous avons eu un coup de chance : le secteur ne se portait pas très bien, notamment à cause d'une baisse des ventes en Chine. Le patron d'un atelier dans les Vosges, lui-même entrepreneur, qui a repris la boîte familiale, a décidé de nous suivre. Aujourd'hui, il est le plus gros de nos cinq fournisseurs.

À l'époque, vous vendiez uniquement en e-commerce, avec tous les enjeux de logistique et de livraison que cela suppose. Vous parlez de moules 3D, était-ce l'une de vos solutions pour réduire ces délais de livraison ?

Oui, dès 2011, l'impression des moules en 3D était au cœur de notre stratégie. Pour concurrencer les grandes maisons, nous devions innover, notamment en proposant des produits plus personnalisés. L'impression 3D nous ouvrait cette possibilité.

Mais rien n'a été simple. Je crois même que la mise en place de notre processus de production grâce à la 3D a été encore plus long que le temps de recherche des ateliers. La chaîne de valeur de création de produits 3D est fragmentée et, bien sûr, à l'époque personne n'avait une spécialisation dans la production de bijoux. Au début, nous demandions à des personnes de créer le fichier 3D, que nous transmettions plus tard à un imprimeur qui produisait le moule, qu'il fallait encore envoyer à la fonderie.

Assez vite, nous avons internalisé la création des fichiers 3D. Puis, au bout de six mois, les ateliers ont commencé à acheter des imprimantes 3D, parce qu'ils y voyaient un intérêt pour travailler avec nous, mais aussi (et peut-être surtout) pour travailler avec d'autres. Finalement, nous avons réussi à faire passer notre délai de livraison de dix à trois semaines, maximum.

À l'origine, votre mission était de devenir le premier acteur 100 % e-commerce de la joaillerie en France. Pourtant, en juin 2015, vous avez ouvert un premier magasin : pourquoi ce revirement ?

Avec notre modèle exclusivement en ligne, les résultats étaient bons, nous avions un panier moyen satisfaisant et parvenions même, parfois, à faire des ventes à 15 000 €. Mais nos clients nous faisaient sans cesse deux remarques que nous ne parvenions pas à résoudre : d'une part, ils trouvaient les bijoux beaucoup plus beaux en vrai que sur le site. D'autre part, certain n'étaient pas à l'aise avec l'achat de produits à prix élevés en ligne.

En juin 2015, nous avons donc fini par craquer en ouvrant notre premier magasin dans le 6e arrondissement de Paris. Même si nous étions encore en test, avec un bail précaire, le succès a tout de suite été très fort. Nos ventes totales ont bondi de 250 % sur les trois premiers mois.

Surtout, nous faisons depuis l'ouverture de ce premier magasin beaucoup plus de ventes haut de gamme. Les ventes entre 15 000 et 20 000 € ne sont plus du tout anecdotiques. Depuis l'ouverture de ce magasin, notre panier moyen est passé de 800 à 1 000 €. Nous avons même ouvert deux autres boutiques, l'une à Lyon, l'autre à Paris.

Quel lien mettez-vous entre les magasins et le digital ?

Avant tout, il faut comprendre que l'investissement dans un magasin reste relativement faible pour nous. Les loyers sont bas car nous n'avons pas besoin d'une adresse sur les artères les plus passantes. Comme nous ciblons des intentionnistes (des personnes qui viennent en connaissance de cause), qui réservent des créneaux de rendez-vous de 1h, un simple showroom bien aménagé et joliment décoré suffit. Sur notre magasin d'origine, nous faisons environ soixante-dix rendez-vous par jour, générés par nos campagnes de notoriété omnicanales.

Au-delà des ventes, ces magasins nous permettent de collecter beaucoup plus de données qu'en ligne. Lors des rendez-vous, nos vendeurs ont une liste de cinq questions à poser. Par exemple, la question « *Comment nous avez-vous connus ?* », nous permet de mesurer le retour sur investissement de nos campagnes, ce qui est assez rare je crois. Sur certains mois, on sait par exemple que 45 % de nos clients nous ont connus grâce à une campagne dans le métro.

Il paraît que vous avez même été jusqu'à développer des outils de CRM personnalisés ?

Oui, tout à fait. Pour remonter toutes ces statistiques, nous avons développé un CRM et aussi un ERP sur-mesure, grâce à une équipe aujourd'hui composée de cinq profils Tech. Les vendeurs y renseignent des informations très spécifiques à Gemmyo, suite à leur rendez-vous. Grâce à lui, nous parvenons à avoir des taux de réachat largement au-dessus de ceux de nos concurrents. Tout simplement, parce qu'il nous suffit de déployer des actions spécifiques en connaissance de nos cibles. 70 % des ventes sont réalisées auprès du public masculin, un homme qui a acheté une bague de mariage a de fortes probabilités de faire un nouvel achat quelques semaines avant son anniversaire de mariage etc.

Le CRM et la base de données adjointe composent aujourd'hui le deuxième élément constitutif du cœur de valeur de notre marque. Le premier étant notre image.

Quelles sont vos relations avec les acteurs historiques ? Avez-vous ressenti de l'aide, ou au contraire des blocages ?

Il n'y a pas eu de blocage. En tout cas, certainement pas lors de notre lancement à l'été 2011. Ne serait-ce que, d'ailleurs, parce que nous avons accéléré en été et que nous pouvions visiter tranquillement les ateliers, pendant que tout le monde était en vacances !

Aujourd'hui, on se connaît, on se côtoie. On a même des personnes qui nous transmettent des conseils, qui travaillent pour nous en *off*. Mais il n'y a pas de défiance. Nous avons une chance, qui est que les grandes maisons ne s'intéressent pas vraiment au marché français. Du coup, ils ne nous voient pas comme un concurrent. Donc la relation reste assez sympathique. Je sais qu'ils s'interrogent sur le fait que nous n'allions pas à l'international, qu'ils ne comprennent pas vraiment notre stratégie alors que des marchés sont beaucoup plus puissants que le marché français…

Justement, pourquoi n'envisagez-vous pas une extension à l'international ?

En fait, nous envisageons de le faire. Rendre la joaillerie accessible dans des marchés émergents, comme le Japon ou la Corée, fait partie de nos réflexions. D'ailleurs, en réalité, environ 10 % de nos ventes sont réalisées à l'étranger, alors que notre site n'est même pas traduit en anglais.

La raison qui explique que nous prenions notre temps est que nous nous sommes déjà lancés à l'étranger, et que ça a été un échec. En 2013, lorsque nous avons levé trois millions avec Alven Capital, nous nous sommes lancés en Grande-Bretagne. Nous avons débloqué beaucoup de moyens : un nouveau site, des services de traduction, du service client. Mais nous n'avions pas anticipé l'investissement réellement nécessaire pour ce lancement. Nous avons donc fait machine arrière, avons arrêté nos activités sur place et mis le site à la poubelle.

Avez-vous été approché par des acteurs historiques du secteur, en vue d'un rapprochement ?

Des personnes issues de ces acteurs nous contactent régulièrement, pour connaître notre état d'esprit sur cette question. Je pense qu'il faut être vigilant. Honnêtement, les vraies *success stories* ne courent pas les rues : souvent on retrouve davantage des effets d'annonce.

Par contre, même si on imagine que l'intégration serait très difficile, on ne ferme pas la porte. Ne serait-ce parce que nous avons plein de choses à apprendre. En retail notamment, sur le lien avec un circuit de distribution. C'est ce qui est arrivé à MÊME lorsque Pierre Fabre lui a ouvert son circuit. À ce niveau, je pense que ça devient vraiment intéressant. On doit aussi apprendre sur la négociation des prix, sur la gestion des chaînes logistiques, pas tant après la production, mais plutôt avant… Et aussi, je crois que **les marques historiques, tout du moins dans notre secteur, ont une expertise en termes d'image de marque, de cohérence des contenus que nous sommes très loin d'avoir, du fait de notre petite échelle.**

À l'inverse, imaginez-vous pouvoir leur apporter quelque chose ?

Les discussions portent surtout sur notre expertise de vente en ligne. Les grandes maisons font 1 % de leur chiffre d'affaires en ligne, et voient le web comme un canal au service de leur image de marque, pas du tout de vente.

On parle aussi d'expérience client. Je ne veux pas du tout paraître hautaine, mais la façon dont nous soignons nos clients est, je pense, bien meilleure que chez beaucoup de ces grandes maisons. Dans nos parcours, la personnalisation est réelle. Nous sommes, par exemple, les seuls à envoyer un e-mail à nos clients à chaque étape du processus de fabrication, avec des infos sur leur futur bijou. Aujourd'hui, on sait que ce service n'existe pas dans les grandes maisons, parce qu'en interne chacun se tire dans les pattes pour faire le meilleur chiffre, et qu'il y règne une certaine concurrence entre les *business units*. Chez eux, un client n'aura pas la même expérience selon la boutique ou le site par lequel il a acheté.

Assez ironiquement en fait, nous avons réussi à créer une marque avec des processus très carrés, à l'image de notre CRM, mais qui ne nuisent pas encore à notre agilité. Or, cette agilité est la clé. Sur notre marché, tout le monde mise sur la créativité et l'innovation. Mais parler d'agilité lorsque l'on met un an et demi pour sortir une campagne marketing est une blague !

Conclusion

Sans grande surprise, quel que soit le secteur dans lequel ils opèrent, tous les acteurs que nous avons interrogés s'accordent à dire que la digitalisation a un impact sur leur activité. Pour certains, cet impact se fait avant tout ressentir sur la distribution et les parcours de vente. Pour d'autres, il s'incarne dans la crainte de voir émerger rapidement de nouveaux concurrents ou intermédiaires, plus agiles et habiles. Pour beaucoup, la pression provient des collaborateurs et des partenaires qui voient la transformation digitale à l'œuvre dans leur vie quotidienne.

Pour tous, la révolution vient du client, de mieux en mieux informé et de plus en plus exigeant.

Alors que le discours général sur la transformation digitale se concentre sur la technologie et les outils, les intervenants que nous avons interrogés insistent bien davantage sur les aspects humains de cette transformation.

Les sujets hautement médiatiques de l'automatisation et de l'intelligence artificielle sont rarement en tête de leurs préoccupations - à moins qu'il ne s'agisse d'un sujet tabou, que personne ne tient à évoquer en public… Ce sera pourtant le prochain défi à relever, pour l'industrie, les services, les pouvoirs publics et la société civile.

En revanche, un nouveau thème, qui n'est pas directement lié au numérique, a émergé à mesure que nous avancions dans les entretiens : celui de la transition énergétique. Absent des premiers échanges, il est devenu incontournable quelques mois plus tard, signe d'une prise de conscience rapide.

Pour mener à bien ces deux prochaines révolutions, celle de l'intelligence artificielle et celle de la transition énergétique, il faudra que l'industrie réussisse sa transformation numérique. C'est une nécessité si l'on veut maintenir des emplois industriels sur le territoire.

Bonne nouvelle : pour la première fois depuis l'an 2000, le secteur de l'industrie créé à nouveau des emplois en France (+ 1 100 en 2017, selon l'INSEE)... Mais il en faudra beaucoup plus compenser les pertes du secteur depuis le tournant du siècle : de 2000 à 2017, le secteur a perdu 23,5 % de ses emplois salariés directs (hors intérim).

Le travail d'enquête que nous avons mené révèle qu'il existe, à travers toutes les régions, une industrie française en plein renouveau, marquée par la volonté d'évoluer, de se transformer ou de se réinventer.

Le mouvement est porté aussi bien par des entrepreneurs et entrepreneuses, des patrons et patronnes de PME ou d'ETI, ou encore des cadres de grands groupes, tous déterminés à accélérer la transformation de leur secteur. Pour réussir, ils auront besoin de l'accompagnement des pouvoirs publics, *via* des programmes d'investissement, en particulier dans la formation, mais aussi du soutien de leurs clients.

Car chacun de nous, en tant que consommateur, est aussi un acteur de ces révolutions en cours.

Quentin Franque & Benoit Zante

Postface

Cet ouvrage vient confirmer la conviction que nous nous sommes forgés chez Bpifrance : la transformation digitale est incontournable et touche tous les secteurs. L'industrie, évidemment, n'y échappe pas. Les auteurs montrent très bien à quel point cette transformation affecte toute l'entreprise : l'expérience client qu'elle propose, les modes de distribution, l'approche servicielle, le management, l'innovation, les partenariats avec des startups, etc. Dans cette transformation, la technologie vient au service d'autres enjeux. Peut-être encore plus central dans les témoignages, afin d'assurer le succès de cette transformation, travailler sur l'humain est essentiel. Accompagner le changement est indispensable et prend du temps.

Je salue les auteurs d'avoir axé leur ouvrage sur l'industrie. L'industrie française doit prendre le virage du digital et en tirer toutes les opportunités. Comme le dit Patrice Cochin de Michelin : « *La culture du digital et celle d'une entreprise industrielle sont complémentaires mais aussi très différentes* ». La transformation digitale dans l'industrie est un enjeu économique, mais également une nécessité pour assurer la pérennité de notre tissu industriel et même son renouveau. C'est pour cela que Bpifrance est, avec de nombreux autres acteurs (France Industrie, l'Alliance pour l'Industrie du Futur, Business France, les Régions, notamment), en première ligne sur le déploiement de la French Fab. L'industrie a besoin d'être soutenue, de voir son image redorée et d'être accompagnée dans son développement digital et à l'international.

Nous allons désormais plus loin en forgeant des liens entre les startups et les industriels avec l'initiative *Tech in Fab*, la rencontre entre la French Tech et la French Fab. Plusieurs témoignages dans cet ouvrage rappellent à quel point le travail entre startups et industriels n'est pas chose aisée. Il faut passer d'une logique concurrentielle à une logique partenariale et apprendre à se comprendre, mais les deux ont beaucoup à apprendre les uns des autres. Comme l'explique Emmanuel Mannooretonil de Butagaz (qui travaille avec plusieurs startups) : « *D'un côté, nous avons pu apporter de la valeur à nos clients grâce à cette offre [développée avec la startup Wivaldy], de l'autre, la startup en tire des leçons sur le potentiel de son produit* ».

Une leçon que je retire de cet ouvrage et qui me paraît fondamentale pour les industriels et plus globalement toutes les entreprises engagées dans leur transformation digitale : il faut se réinventer, sortir de sa zone de confort et s'ouvrir sur de nouveaux horizons. Bruno Hug de Larauze d'Idea l'exprime parfaitement : « *À un moment donné, nous avions franchement créé un vrai bazar ! [...] Il reste que, nous avons aussi beaucoup appris. [...] Et comme, parfois, l'audace vient avec un peu de chance, il s'avère que nous avons fait d'excellents résultats financiers sur toute la période* ».

C'est une leçon importante, car la transformation digitale est autant une histoire de nécessité que de convictions. Il s'agit de prendre des risques, d'avancer nourri d'incertitudes et d'accompagner ce changement. Au bout du compte, des erreurs seront faites, mais c'est comme cela que les entreprises apprendront et pourront mieux déterminer leurs chantiers prioritaires. Et nous serons au côté des industriels pour les accompagner !

Nicolas Dufourcq
Directeur général de Bpifrance

80111 - (I) - OSB 90° - BPA - GCR

JOUVE
1, rue du Docteur Sauvé, 53100 MAYENNE
N° 2916355H
Dépôt légal : août 2019

Imprimé en France